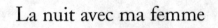

La nuit avec ma femme

Du même auteur

Récit d'un branleur, Julliard, 2000, Pocket, 2004.
Comédie sur un quai de gare, (théâtre), Julliard, 2001.
Moins deux, (théâtre), L'Avant-scène, 2005.
Chroniques de l'asphalte 1, Julliard, 2005, Pocket, 2007.
Chroniques de l'asphalte 2, Julliard, 2007, Pocket, 2008.
Le Cœur en dehors, Grasset, 2009, Pocket, 2011.
Chroniques de l'asphalte 3, Grasset, 2010, Pocket, 2015.
Chien, Grasset, 2015, Pocket, 2016.

Samuel Benchetrit

La nuit avec ma femme

PLON   Julliard
www.plon.fr   www.julliard.fr

© Éditions Plon, un département d'Édi8, 2016
© Julliard, 2016
www.plon.fr
www.julliard.fr

ISBN : 978-2-259-22345-4

Aux rêves

Elle s'appellera Marie. Elle aura quarante et un ans. Sa peau sera blanche comme un linge propre. Ses cheveux noirs et détachés. À certains moments de la nuit, elle portera une fine couronne faite de feuilles d'été et de petites fleurs violettes et bleues. Sa robe sera toujours la même, ample, les manches longues, fabriquée dans un tissu de velours vert. On pensera qu'il s'agit d'une robe indienne (d'un type de robe portée par les femmes indiennes-made in India). Elle sera pieds nus. Elle fumera. Elle n'apparaîtra pas. Elle sera déjà là. Au bord du lit où mes pieds reposent. Elle ne me quittera jamais des yeux. Elle ne se déplacera pas. Elle sera déjà où mon regard se pose. Elle saura. Elle saura les jours mais ne viendra qu'une nuit. Elle saura partir au matin. Elle saura les heures.

Les saisons. Elle saura chanter. Dans les silences, murmurer des chansons. Elle ne connaîtra plus les paroles. Le nom de la plupart des gens. Les villes et les voyages. Elle donnera de l'importance à ce qui se trouve devant. Aux êtres uniques. Aux soupirs et aux souffles. Elle sourira.

nuit

Tu viens d'arriver ? Je ne dormais pas vraiment. Mais je rêvais je crois. Et je cherchais mon souffle. Je l'ai perdu un jour. Tu sais où se cachent les souffles ? J'ai pris ceux d'autres. Greffes d'air. Mais c'est pas pareil tu sais. Le vent des autres n'est pas aussi pur et frais. J'ai chaud depuis. Depuis quoi ? Depuis toi ? Non. Tu n'es rien même si tu arrives des nuits. À peine l'ombre d'une brindille. Tu m'as juste montré que j'avais raison et que les gens sont méchants. On naît sans amour, tu crois ? Ça se gagne ou ça se perd ? Ça existe vraiment l'amour ? Je suis amoureux d'une fille. C'est pour ça que t'es là ? En fait, j'allais me lever pour faire un tour. Ville. Asthme. Tu peux m'accompagner. De toute façon je voulais parler seul et que les gens me regardent dans la rue. Tu sais, je me retourne toujours sur les gens. Et puis les taches d'urine ressemblent aux nuages qui ressemblent aux choses. Ça devient quoi l'urine quand ça disparaît des trottoirs ? Des nuages ? La pisse ça reste de la pisse. Et les nuages, de l'eau. Un jour, je tuerai un mec. Ils sont trop moches. Je ne tuerai pas celui qui t'a tué. Petite vengeance-petite vie. Mais je lui péterais bien la gueule. Comme la dernière fois que je marchais avec mon copain R., j'ai cru le voir assis à une de ces terrasses de merde de Montmartre de merde, j'ai couru comme une merde, avec mon souffle de merde, j'ai attrapé une chaise de merde, pour la fendre dans sa tronche à boucles d'oreilles de merde. C'était pas lui. Oh, les puits sont partout dans la ville. Ça glisse. Et les gens sont les mêmes, comme les formes de nuages et de pisse. Si je me faisais refaire le visage, je demanderais à ressembler à une fleur ou à une tache de pisse. Parfois, j'ai honte d'avoir un nez, une bouche et des yeux. Et la boxe, et les ongles rongés. Il y a tant d'amour chez ceux qui se mutilent. Je ne regarde pas les fesses ou le vert émeraude des pupilles, je cherche les coupures, les entailles et les peaux trouées.

Tu n'es pas la première à venir dans ma chambre. Je ne parle pas des filles avec des pupilles et des fesses. Je parle des fantômes. Et puis qui a dit que les morts étaient mieux que les vivants. Faut être curé pour penser ça. Les seuls qui ne mourront pas pourront me dire ce que j'ai à faire. Il y a des gens qui ne meurent pas. J'en ai rencontré un. Il n'avait que mille ans et quelque. Il m'a demandé de ne pas le dire. Mais à toi je t'en parle, parce que tu es morte et que je tremble. De toute façon, le mec de mille ans m'a dit ce que j'avais à faire. *Tourne pas le dos au vent*. Je voudrais être le cerf-volant d'un petit enfant. Il pleut dehors. C'est toi qui te promènes avec la pluie ? Ça ne me dérange pas la pluie. C'est solide et ça vient du ciel. Tu vis où ? Tu connais le Christ ? J'ai rêvé de lui une fois. On nageait sur le dos en se tenant par la main. Je suis allé à la piscine le lendemain, j'ai nagé seul et j'étais triste. Les gens sont méchants. Ou très croyants. Et les morts, ça rêve ? Et la vie, ça se regrette ? Ça s'oublie vite la vie ? T'as faim ? Moi je ne veux plus sortir. Avec cette pluie qui tombe, les gens ne me regarderont pas parler tout seul. Deux gouttes et tout le monde se penche. Le soleil c'est bon pour la tiédeur. Je ne l'aime pas trop celui-là. Je fonds ou je brûle. Et puis je n'aime pas quand les gens sont contents, je préfère quand ils souffrent. Tu es venue me chercher ? Notre fils dort en haut. J'ai pas fini avec lui. Il est plus grand que nous deux si tu montais sur mes épaules. T'étais où tout ce temps ? Tu fumes toujours ? Tu me montreras tes pieds. Ils ne sont plus aussi beaux qu'avant, c'est sûr. De toute façon la beauté c'est pour les pauvres. Et la beauté des pieds c'est le plus important. Enfin, notre fils il en a vu d'autres. L'intérieur de ta peau. J'oserai jamais lui en parler. J'ai peur qu'il se rappelle. Je te trouvais si belle que le monde s'est enlaidi d'un coup. Ton cœur bat toujours ? Je voudrais enregistrer les battements de cœur des gens que j'aime. Ni photos. Ni films. Ni mèches. Des cœurs. Des voix. Des pas. Le rire de notre enfant. Il est où ce miracle ? Je t'ai cherchée souvent. Au début surtout, je te cherchais tout le temps. Au travers des vitres. Dans la vitesse. À 300 km/h on ne voit pas bien les gens dans les campagnes entre Nîmes et Paris. On voit d'autres gens qui n'existent pas. Mon cœur est grand. Tu m'as fait signe une fois, je crois. Et puis aussi une nuit que je marchais. Rue Turgot. Lafayette et Province. Tu étais dans mon dos. Je ne me suis pas retourné au cas où tu aurais été là. Avant je te suivais. Avant quand on vivait. Tu partais faire un tour et moi j'étais derrière toi. Je suis ma femme et des sacs plastique bleus. Tu veux prendre un bain ? Les vivants font plus de signes aux morts que les morts n'en font aux vivants. On a des cloches et des fêtes. Vous ne faites rien pour nous. Enfin, je crois. Juste de la peine et occuper les souterrains. C'est quoi la différence entre la tristesse et la peine ? J'aime bien avoir de la peine. C'est de ta faute. Ça me rapproche de toi. J'ai envie de pisser, je crois. Alors je vais te dire les choses maintenant. Que tu saches un peu ce qui s'est passé depuis que tu es morte. D'abord je suis devenu champion du monde de boxe thaïlandaise. Je t'aurais bien montré la coupe qu'ils m'ont filée mais je l'ai échangée contre deux cartouches de Kent quand j'étais incarcéré en prison à Tijuana pour trafic de diamants. J'ai vécu cinq ans au Groenland, je mangeais ma pêche et notre fils allait à l'école en traîneau. J'ai redonné de la voix aux muets et puis on a monté des salles de cinéma pour aveugles. J'ai fait des choses, oui. Et toi ? T'as fait quoi ? T'as vu des films ? J'en ai regardé quelques-uns qui t'auraient plu. Tu savais que Bergman et Fellini avaient annoncé qu'ils feraient un film ensemble. Ils l'ont fait alors ? Ça parle de quoi ? On continue après ? Ah j'ai chaud aux pieds, tu ne veux pas te dégager un peu de la couverture, c'est toi qui m'étouffes. T'es la première fille avec qui j'ai dormi de ce côté.

J'ai gardé ça. Enfin, la fille que j'aime maintenant elle dort aussi de ce côté-là du lit. Pour le moment on dort l'un sur l'autre. On a chaud des fois, mais on s'aime bien. Un jour je glisserai et je lui laisserai ma place. Mais je ne lui promets rien. Il paraît qu'il ne faut pas dire ces choses. C'est toi qui m'as appris.

— *Je te disais tout le temps que je t'aimais, tout le temps.*

Oui mais ça ne veut rien dire. Les mots les plus importants ne veulent rien dire. Un morceau de pain ça veut dire quelque chose. On le découpe et puis on le mange. Fumer une cigarette aussi. On l'allume et on la grille. Mais alors l'amour c'est comme le nouvel an, bonne année et puis quoi ? Ça ne veut rien dire. Vous fêtez Noël ? La première année après toi, notre fils t'a voulue comme cadeau. Il a eu un costume de Batman et un vélo. Je lui ai appris à en faire. Ça, ça veut dire quelque chose. Un vélo, on monte dessus et on pédale. Tu ne veux rien dire. Comme l'amour, tu ne veux rien dire. Comme les heures. Le sang. L'espoir. L'air. Les rêves. La mer. Tu ne veux rien dire. La peine de l'amour veut dire quelque chose. Comme les aiguilles des montres qui donnent l'heure. L'aiguille de la piqûre qui arrache le sang. L'emprunt de 227 000 euros à 7 % sur vingt

ans donne l'espoir de posséder cette maison. La fumée blanche qui se glace en hiver
lorsqu'elle sort de la bouche des enfants. La
douche qui lave la sueur du matin. Le sel
qu'on lèche sur nos peaux après les bains de
juillet. J'ai cru en l'amour puis j'ai cru en sa
peine. Et d'autres amours et d'autres peines.
Et je n'aimais que pour souffrir et te sentir
encore. Quel beau terrain vague nous avons
construit ensemble. Je continue de le cultiver.
J'y sème toute la merde. Tout ce qui crève
et qui pue. Je suis le seigneur du parc. On
m'y respecte. Ici, je suis bien. Au-dehors,
je fais semblant. Je ris même souvent. Je dis
des choses comme : *oui, oui, oui… Il fait beau,
c'est agréable… Le regard des êtres, c'est important… Combattons l'individualisme… Merci
madame, vous êtes gentille… Tu veux prendre
un pot plus tard ? Ça m'a fait plaisir de te voir.*
Oui, je dis plaisir. Tu n'as pas tout arraché.
Je dis aussi : *je t'aime… Je t'aime pour la première fois… Je vous aime beaucoup.* Et je jure
que c'est vrai. Que mon cœur est plein, ici.
Je ne survis pas. Je *sousvis*. Je fais comme
les autres. Mon talent d'imitateur devrait au
moins m'offrir un programme télé. Je n'imi-
terais pas les voix, mais les cœurs. Les rires.
La déception. La tendresse. L'enthousiasme.
Le *excusezmoimonsieurilestcommentvotrefoie-*

deveau. Le végétarisme. Le collectivisme. La maladie. La convalescence. Le deuil. La honte. Le prosélytisme. Le courage et la tolérance. La violence que l'on porte et celle que l'on reçoit. Le pardon. Non, celui-là je me le garde. Le pardon est à moi. Je l'ai inventé. Il m'emplit de partout. Il pousse en moi, me déborde et jaillit comme le fleuve envahit un barrage. J'imite le reste. Tout ce que sont les autres, ici ou ailleurs, maintenant et d'hier, les plus proches et ceux des pôles. Mais je ne photocopie que des photocopieuses. Des machines les unes sur les autres plus hautes que les tours les plus hautes. Sur notre hectare de merde les seules montagnes connues sont les gravas de déchets que j'y déverse chaque jour de pluies acides, aux nuits maudites. Je marche sans m'arrêter. Dans ces deux mondes, le nôtre et le leur, je marche. D'une façon circulaire. Les mains enfouies et la tête basse. À l'extérieur de notre champ, je ne tourne qu'autour. Longeant ses grilles tordues. Et la frontière ne se délimite que par sa vérité.

— *Montre-moi le champ.*

Je ne marchais droit que lorsque je te suivais en douce dans tes rues. J'avais de la technique à l'époque. L'expérience des coups. Comme les boxeurs deviennent champions. Pas à force de technique mais de mémoire de douleur. Sur les avenues pleines, je te suivais à une distance de cinq ou dix mètres. Les avenues désertes des généraux, une distance de vingt ou trente mètres. Les places, en fonction de l'agitation, à un quart, une demie, trois quarts de place. Je te suivais à l'oreille dans les brumes. À l'odeur dans les rues étroites et courtes. Tu as toujours cette odeur ? Je ne sens rien. Ça existe l'odeur de la mort. Ça me fait de la peine que toi, tu puisses la porter. Ça me fait de la peine car tu es la mère de mon fils et qu'il était prévu qu'il n'en entende pas parler. Y en a-t-il qui ne sentent jamais la mort comme d'autres ne sentent jamais des pieds ? Mais c'est pas grave les odeurs, hein ? Ce qui serait cruel c'est de ne pas en avoir. Un jour après ta mort, je suis entré dans un magasin Sephora et j'ai demandé à la vendeuse de me donner un échantillon de *Gentleman* de Givenchy. Je gardais le petit flacon serré dans ma main dans ma poche. Ah je pouvais te sentir. Si je voulais, tu serais là, le millionième d'une seconde peut-être, mais juste après avoir ouvert le bouchon, au moment d'approcher mes narines, tu apparaîtrais de toute ta chair, les cheveux noirs, le sourire immense, perdus dans l'un des millions de grains qui font une seconde. Et tu t'en irais aussi sec à l'intérieur de la seconde. Et l'espérance de vie des apparitions, ça intéresse quelqu'un ? Mais je ne pouvais te faire apparaître qu'une ou deux fois par jour. Puis tout s'évanouit comme l'odeur. On s'habitue aux essences et aux morts. Tu ne venais plus que par accident. Lorsque machinalement je remontais ma main pour essuyer mon nez. Et puis l'hiver c'était fini. Les nez étaient bouchés. C'est dans la tête tout ça, c'est dans la tête. Ce qui reste de l'amour, des crimes, des brûlures, des coups, c'est dans la tête. Ton visage défoncé pénétré d'un tube jaune, c'est dans la tête. Ta voix qui m'embrasse ce matin même, c'est dans la tête. Ton rire, c'est dans la tête. Non, celui-là je l'avais enregistré. Tu veux écouter comme tu riais quand tu étais vivante ?

Dans ma chambre il y a un bureau sur lequel je travaille parfois. Le deuxième tiroir à droite t'est consacré.

Des photos, notre mariage, nos alliances, une carte postale d'un paysage de calanque à Cassis que nous n'avons jamais envoyée, ton agenda de l'année 1998, une montre que tu m'avais offerte, un stylo que tu m'avais offert, des lettres, un dictaphone.

Écoute. Écoute ton rire mon amour. Peut-être que le temps a abîmé ta voix. Mais c'est mieux que rien. Et la technologie ne sert qu'à ça. Se donner des nouvelles du passé. On invente un futur pour mieux se souvenir des peines. Et la physique est si triste. Les équations ne vérifient que nos chagrins. Nul en maths pourquoi ? Par peur ? Et les tableaux sont noirs. De la vieille craie dans la nuit, voilà ce que nous sommes. L'ancienne pureté blanche éclatante, crissant d'enthousiasme, ne craignant rien, ni l'erreur, ni la fin. Toute notre foi solide et dressée s'écrasant en poussière. Talc. Cendre d'os. Sable. Et les plages sont des cimetières. On aurait dû t'y coucher. Pardon. Pardon, j'aurais pu y penser. Mais tu m'as fait détester la mer. Je ne l'ai plus vue longtemps. Je lui tournais le dos. Témoin des terres. L'eau se retire. Les continents divorcent. Les vagues, c'est la pudeur. Et le sol des marées basses est le même que celui de notre terrain de tristesse. Tout y crève. Plancher épileptique. Écailles humides. Yeux tremblants. Souvenirs d'arêtes, d'os et de pierre. La couleur qui s'éteint. Le reste d'un souffle passé. La mer se retire pour ça. Montrer sa mort. Comme l'amour et la peine qu'elle cache. Mais je m'en fous. J'aime bien dire ça. C'est ton père qui m'a appris. *Je souffre et ça me brûle.* T'as qu'à t'en foutre il m'a dit. C'est le remède mais c'est pas facile. Et les médicaments ne servent qu'à ça. Réussir à s'en foutre. Faut une vie pour s'en foutre. Ou alors avoir connu la guerre. C'est triste la mort ? Ça dure toujours ? Qu'est-ce qu'il y a après la mort ? Le remords ?

Je suis parti avec notre fils après toi. Dans cette maison plus petite que sa terrasse sur l'eau. Et je ne sortais que la nuit, lorsqu'il dormait. Je savais que la mer s'étendait devant moi, quelques mâts surmontés d'une loupiote, un reflet de lune me le rappelait, mais sa robe noire la confondait avec mon cœur. Miroir de l'âme. Les journées sur la plage avec notre fils, son petit chapeau enfoncé jusqu'aux oreilles à trouer le sable. Qu'est-ce que tu fais ? Je cherche maman. Je restais face à lui, le plus près possible. Gros plan. Garder le reste flou. Sans profondeur de champ, c'était mieux. Au loin les gens, au loin les maisons, au loin les familles, les bateaux, les reflets, les rires, les vies. Recommencer par le tout juste devant. Le centimètre en face. Les mots faciles. Bonjour. Manger. Câlin. Boire. Dodo. Encore. Bonjour. Manger. Câlin. Boire. Dodo… Nous étions nouveau-nés. Et le soir je musclais mon dos pour le porter encore. Tu me trouves beau ? Si tu me voyais pour la première fois, je te plairais ? T'as un mec en enfer ? La dernière nuit, le diable est entré dans la maison. Voyageur et marin. Il s'est infiltré jusqu'à la chambre où dormait notre

24

fils. Jusqu'à son lit. Il est entré par sa bouche
entrouverte et a secoué ses poumons. La toux
qui devient tempête. Rage. Colère. Je ne l'ai
jamais calmé. Ses dernières larmes ont séché
avec le jour qui se levait. Nouveau-né. Premier
mot. Maman. Maman. Maman. Il n'a plus
pleuré. Jamais. J'ai de la fierté et de la peine.
Ici, c'est le même mot. A-t-il redit maman ?
Peut-être l'ai-je rêvé. Mais papa est le plus
beau mot du monde. Je me retourne encore
quand je l'entends dans les rues. Je traînerais
aux sorties d'écoles pour l'entendre prononcer.

Pa-pa. Pas à pas. Nous irons.

Je ne crois pas aux mauvais rêves, je crois
aux mauvaises vies. As-tu lutté contre la
mort quand elle t'a prise ? Quelle a été ta
dernière image ? Celle d'un homme la main
levée ? Ses bagues coupantes ? Ses yeux
rouges ? Sa bouche immense ? Les derniers
mots ? Salope ? Pute ? Ta gueule ? Tes derniers mots ? Arrête ? Non ? Fils ? Samuel ?
Pardon, je me vante. En m'offrant votre
peine, vous m'avez enlevé celle du monde.
Et j'ai fumé toutes les cigarettes que tu n'as
plus fumées. Mais on le sait n'est-ce pas. Un
jour on ne se verra plus. On ne sait que ça.
N'empêche que ça me réveille la nuit. Un
jour on ne se verra plus. Et souvent je trouve

ça beau. Et je l'ai dit à notre fils. Et c'est à ça qu'il faut penser. Pas aux gens qu'on ne voit plus. À ceux qui sont encore là. Comme l'amour et la peine. La vie est ce qui reste de la mort. Comme le mal n'est jamais dehors, non, toujours à l'intérieur. Comme la tempête dans la gorge de notre enfant.

Tu veux manger un truc ? Tu l'aimes cette chambre ? Elle n'a jamais été la nôtre. J'en ai habité beaucoup depuis toi. Qu'est-ce que tu as pu connaître ? Le lit ? Non, je l'ai acheté il y a juste trois ans. Dans un magasin de literie en liquidation où l'on pouvait trouver des matelas et sommiers à moitié prix. En fait, le magasin affiche encore aujourd'hui ses grands autocollants jaune fluo annonçant ses réductions et sa peine. Faire semblant de se perdre pour s'enrichir. Est-ce que le monde était déjà comme ça ? J'ai envie de fumer. Et de manger aussi. Il y a quelque chose que je voudrais te demander. Vraiment c'est important. On n'est pas tous les jours avec la morte de sa vie. Je te vois fumer devant moi et ça m'inspire, et ça me fait me demander une chose : est-ce que sur vos paquets de cigarettes dans la mort, c'est écrit fumer tue ? Et puis, est-ce que ceux qui ont crevé d'un cancer des poumons continuent de fumer ? Et puis, est-ce qu'on fume toujours si ça fait rien de tousser ? Et puis, qu'est-ce que tu foutais tout ce temps ? Dis-moi. Ça fait combien ? Douze ? Treize ans ? Tu vas pas me dire que t'as passé treize ans sans avoir envie de nous voir. T'étais où ? Avec qui ? Si tu me réponds que t'étais avec celui qui t'a tuée, je te tue.

Je voudrais qu'on sorte. Qu'on se promène. Je te tiendrai peut-être la main à un moment. Viens. On va aller là où on connaît et où tu ne connais pas. Il y a des coins que je pourrais te montrer. Paris a changé. Ça te semblera plus petit, comme dans nos chambres d'enfants. Faut que je te montre à des gens. Viens. Tu veux que je te prête un pull ? J'ai des gros pulls si tu veux.

Et aussi, ça me gêne qu'on reste là à discuter dans ma chambre. J'ai fabriqué des refuges, tu comprends. Des cabanes, perchées, secrètes. J'ai des portes blindées, des volets en fer, à l'intérieur de la maison. Les placards sont pleins de conserves. J'ai de quoi tenir contre toi. J'ai barricadé contre le mal. Je ne savais pas qu'il était dedans. Il faudra bien le contraire. Ouvrir les fenêtres. Ne rien verrouiller. Rien d'avance. Ni biscottes, ni épices. La peur c'est pour les pauvres. Il y a de l'amour après la mort ? Des femmes enceintes ? Les cons restent cons ou le passage dans l'au-delà te fait progresser un peu ? Tu m'aimes toujours ? Je me rappelle la dernière fois qu'on s'est parlé. Tu étais dans ce pays où même le plus beau soleil d'été est glaçant. Je dormais dans une maison en Bretagne. Je l'avais louée pour emmener notre enfant respirer le bon air. Tu nous appelais le matin. Tôt. Avant que tu partes travailler. Tu parlais en chuchotant. Pour la douceur du jour qui s'ouvre. Mais je sais maintenant que tu parlais en douce de la violence. Des coups qui t'attendaient. Juste à côté. Dans la pièce voisine. Je me suis demandé où tu étais quand tu nous appelais. J'ai l'impression d'un réduit. De toilettes fermées. D'un coin de salle de bains. Je peux encore entendre l'écho de ta voix résonner contre le mur proche. T'es-tu libérée de nous pour une prison plus féroce ? Qu'y a-t-il après l'amour ? Qui y a-t-il ? Qui fera souffrir notre enfant ? Où est-il maintenant ce barbare ?

Je suis perdu dans un lit en Bretagne. Perdu sur une carte. Et je hais ces représentations du monde sur papier ou sur globe. Comme l'amour et la peine. Le mal du dedans qui est le seul vraiment. C'est un événement d'entendre ta voix. Ce n'est plus normal. Ce n'est plus tout le temps. Quand je veux. Devenir des étrangers plus vite que des amoureux.

C'est fragile d'entendre ta voix. On en parle beaucoup de ta voix. Elle est rare paraît-il. Je m'y étais habitué. Et ce matin je la découvre et je suis d'accord avec le monde entier. Je suis comme tout le monde ce matin. Et les peuples ne sont qu'humilité. Nouveau-nés. De l'amour. Puis de la peine. La première, celle des corps séparés. La mort, c'est ailleurs, c'est moins triste. La mort, c'est physique. Il n'y a rien de spirituel là-dedans. C'est dans le souffle. Ça fait mal au bas du dos. Ça bloque les hanches. La mort, c'est pour toujours. Il faut bien vivre pour toujours. La peine de l'amour, c'est plus fort. Ça rend immortel. Ça fait se suicider. Ça donne des cancers. Ça accouche de monstres. De violeurs d'enfants. C'est pour tout de suite. Comme l'art. Un baiser. La pluie. Il faut vivre au présent qu'ils disent dans les livres de sagesse des grands magasins. Mais rien ne brûle plus que le présent. Et je foutrai le feu à leurs hangars de conserves, et quand tout aura cramé, installé dans un box du tribunal, je leur dirai de lire les livres qu'ils vendent. La peine de l'amour efface la musique, la mer, les saisons, l'ivresse, la faim, les gens, les pays, l'enfance. Jusqu'à ce que ceux qui ne se suicident pas redeviennent mortels. Nouveau-nés. J'entends ta voix. Les mots faciles. Bonjour. Oui. Bien. Merci. Il est si tôt que notre heure est la même. Pendant que tu parles, je sens une épaule contre la mienne. Je me souviens que notre fils est aussi dans le lit. J'ai peur de dormir seul. Et je ne connais pas la table de nuit. La lampe. La prise où la brancher. Nous sommes deux à entendre ta voix. Tu parles au groupe d'hommes à présent. Tu parles longtemps. Tu ne veux pas que ça s'arrête. Tu demandes des choses. Vous faites quoi ? On va à la mer. C'est faux. On y va un peu. Mais ça nous gonfle vite la plage, le soleil et les autres. On reste beaucoup dans la maison à regarder des films. Tu le sais. Tu nous as vécus. Ce que l'on mange ? Du poisson frais. C'est faux. Des trucs empaillés, du plastique, des bouts de canapé. Vous voyez des amis ? Bien sûr. Les bonshommes de notre fils que j'achète chaque jour par sacs de dix kilos. On fait des guerres. Lui contre les envahisseurs d'une autre planète. Moi contre ceux de la nôtre. Tu ne veux pas que ça s'arrête. Sais-tu ce qui t'attend ? Est-ce que les derniers moments sont toujours funestes, ou le deviennent-ils ? C'est dans la tête tout ça. Comme les mots ne veulent rien dire. Mais je me rappelle ta voix. Étrangère. Grave. De tonalité. De pressentiment. Déjà tu m'avais demandé de récupérer notre enfant plus tôt. Il était parti te rejoindre dans ton pays triste. Il devait rester le mois entier. Au bout d'une semaine tu m'avais appelé. Tu ne pouvais pas le garder. Ce n'était pas bien ici pour lui. L'ennui. Ne le voir qu'un peu le soir. Et le tournage est épuisant. Moi aussi je travaille à Paris. Je termine le film que nous avons tourné ensemble. Mon premier film. Tu le sais. Tu as tourné dedans. Tu m'as quitté pendant ce film. J'ai découvert que tu en aimais un autre pendant ce film. C'est presque moi qui t'ai foutue dans ses bras. Et au téléphone je deviens con. Et je parle en disant *merde merde merde merde merde*. Ou alors *non non non non non*. Et aussi *moi moi moi moi moi*. Et ton amoureux ? Il peut pas s'en occuper ? Non. Tu ne veux pas. Tu ne veux rien de ça. Ni que je l'appelle ton amoureux. Et surtout pas qu'il s'occupe de notre enfant. Tu as les clés du monde. Tu es devenue le secret le plus indéchiffrable. Ce que tu vis en dehors de moi se passe ailleurs. À des centaines de milliers de kilomètres de nous. Dans une autre époque. Tu voyages dans le passé. Et tu ne veux pas emmener notre fils avec toi. Tu le protèges. Tu sais le vent qui tourne, surveille le ciel et le nuage noir qui grandit. Et puis, on n'empêche pas le tonnerre d'éclater. Personne n'est capable de ça. Pour toi, c'est foutu. Tu es là. C'est ta place. On ne

31

quitte pas un film à cause de la foudre qui menace.

Le cinéma c'est la vie qui empêche la vie d'y entrer.

Je me rappelle le goût de ta voix. Que tu nous parles de la journée qui arrive. Des jours suivants. Tu nous envies. On te manque. Je te manque. Tu le dis. Comme la dernière fois où l'on s'est vus de chair. *Tu me manques beaucoup. Tu veux prendre un verre avec moi ?* Non. Le retour du con. *Non non non non non.* On t'écoute comme on le fait le matin. Éblouis par ta voix. Sûrement qu'une mouche tape contre la fenêtre de la chambre. Il en faut bien une. Il y en a toujours une. Je ne suis plus ton amour. Je suis pire que ça. Je suis ton enfant. Ton enfant à côté de ton enfant. Tes fils perdus. Elle est comment la chambre ? Peut-être que je dis mmm. Bof. Pas mal. Magnifique. Je ne sais plus. Juste ta voix dans la nuit du matin et le souffle entre tes mots. Vous allez faire quoi maintenant ? On va manger et puis se promener peut-être. Mais se lever, c'est toi. Être debout, c'est toi. Le café, c'est toi. Cette tasse inconnue que je tiendrai dans ma main, que tu ne connaîtras ni ne toucheras jamais, c'est toi. Le portail de cette maison. Chaque porte, voiture, pierre, de cette rue qui mène à la mer. Le trottoir de gauche et celui de droite. Le ciel au-dessus qui décide d'être cette image à ce moment, c'est aussi toi. Quel sera ton parfum lorsque nous serons dehors ? Celui des pins ? Une odeur de boucherie ? L'air marin ? Ou le vent au passage sèmera la chimie d'une usine au lointain ? Y a qu'à s'en foutre. Raccroche. Il est temps de raccrocher. Notre fils a faim et il veut faire pipi. Tu dois tourner. Et puis rentrer dans ton meublé et recevoir des coups et mourir.

Je sais la lumière qui entre dans la maison ce jour. Je sais aussi la lumière qui entrait dans ma chambre d'enfant les matins où je n'avais pas école. Je sais la lumière des dimanches après-midi de février qui baignait l'ennui de mes dix ans. Je sais la lumière électrique qui éclabousse la rue où je cours tant mon cœur est plein de toi. Les lumières peuvent bien éclairer le monde entier, elles ne sont qu'à nous. Quand il fait beau ici pour l'inconnu, c'est la neige pour moi. J'ai oublié les meubles. La couleur des murs. Des sols. L'ordre des pièces. Leurs dimensions. Si le canapé était d'angle ou pas. Rouge ou vert. Les poignées de porte. Les interrupteurs. Le parquet ou la moquette. À quel étage nous vivions. Et le nom des voisins. La couleur des cheveux de mon amoureuse à quatre ans. Le nom de mon école. Celui de mes professeurs. Mais je n'ai pas oublié la lumière. Dans les maisons. Dans les classes. Dans les gens. Dans ses yeux. Voilà bien ce que j'emporterai dans mon obscurité. Tu en as ? Tu en as, toi ? Un peu de lumière dans tes ténèbres ? Te souviens-tu de quelques soleils ? As-tu gardé des ombres ? Des éclats ? Nos éclats ? Parfois notre fils m'en parle. Cela surgit de sa mémoire éclatée. J'ai assisté à son effacement de toi. Alzheimer de l'enfance. Il a perdu ton corps. Sa chaleur. Tes mains à la fin. Ton allure. Ton odeur. Les sorties de classes maternelles. Le goût de ta cuisine. Un câlin. Ton regard. Ta voix. Tu ne réapparais que par la lumière. À l'adieu aux corps, c'est d'abord les saisons. Tu es l'hiver ou l'été. Puis le printemps après quelques années. À l'intérieur des mois. Échouée au milieu des nuits. Des heures lumineuses qui entourent midi. Aux journées vides. Aux grains des secondes. Le souvenir de ta lumière marquera notre temps.

Nous ferons comme tu as dit. Aujourd'hui encore je fais comme tu as dit. Tu m'as montré comment faire. Les heures de repas. La durée de cuisson pour la viande. Les pâtes. Les œufs. Dire quelque chose de joyeux aux enfants avant qu'ils s'endorment. Dans chaque journée qui arrive on peut trouver. Et s'il n'y a rien, vraiment rien, alors on inventera le bonheur. On insérera le tout petit moment. Pas pour qu'il existe à cet instant présent, mais pour le raconter la veille. Nous irons cette dernière journée sur la plage au bord de la mer. Nous nous forcerons à y aller tôt, avant de prendre la voiture pour rentrer chez nous. On choisira un arbre, celui qui nous semble le plus vieux, le plus proche d'un vieil homme, et nous le photographierons chacun notre tour, notre fils et moi, et déciderons à Paris, au moment du développement, de la plus belle image. Nous demanderons à un passant de nous prendre en photo. Il en fera deux. Nous sommes assis sur des marches en pierre, au bout du chemin face à la mer. Notre fils a cinq ans. Le scratch de ses chaussures est usé et ne colle plus. Je compte sur toi pour en acheter de nouvelles. Il porte un short. Un maillot qu'on appelle Marcel et qui lui va si bien. Ses cheveux sont longs. Je compte sur toi pour les couper. Sur le premier cliché il mime une prise de karaté avec ses bras. Il regarde droit dans l'objectif en riant. Je suis à côté, une main tient mon visage, je veux être beau au cas où tu verrais l'image. Si je te la montrais pour te raconter nos vacances. Mais je suis triste et le hasard du déclenchement immortalise mes yeux mi-clos qui me donnent l'air d'un abruti. Sur la deuxième photo, notre fils suce son pouce, le coude posé sur sa cuisse, son autre main posée sur la mienne. Il regarde toujours l'objectif, son regard est perdu, je sais qu'il est juste fatigué. De mon côté, je me suis redressé, je serai plus beau plus droit, le visage légèrement baissé, mais encore une fois, l'homme que je considère comme le plus mauvais photographe du monde appuie sur le bouton au millième de seconde d'un clignement d'œil pour enregistrer à jamais ma gueule de débile.

Moi je savais te photographier. Je savais me mettre dans un coin et attendre le moment parfait pour déclencher. Je savais que tu savais que je ne traînais pas loin derrière le viseur. Et nous faisions semblant de ne pas savoir que nous étions là. Tu étais le sujet de mon reportage. Mon sujet préféré. Ma guerre. Ma une. Au bout d'un moment, je te demandais de t'appuyer contre un mur blanc. Je n'avais besoin d'aucune couleur. *Qu'est-ce que je fais ?* Rien. Reste comme ça. *Je souris ?* Oui. Oui, souris. *Je peux fumer ?* Oh oui, tu peux fumer aussi. Mets-toi de profil. *Lequel ?* Je m'en fous. Je croyais réinventer l'art et le monde. Je croyais que l'on avait déjà photographié des paysages et des machines, mais jamais un visage, non, j'étais le premier. Comment était-ce possible, qu'aucun homme n'ait eu l'idée avant moi. Personne n'avait donc aimé ? Tu m'as montré comment avoir une bonne image d'un enfant sans qu'il bouge dans tous les sens, qu'il pleure, ou qu'il fasse une grimace dégueulasse. Le photographier quand il dort. Je possède des millions d'images de notre fils couché dans tous les lits du monde, banquettes de trains, restaurants, bancs publics, plages. Tu as gardé des photos ? T'en veux une ? Sers-toi. Y en a plein le tiroir. Ça m'arrive de me balader avec une photo de toi. Quand je pars quelques jours j'en emporte une. Ça peut me servir au cas où on me ferait du mal. Plus de mal que tu m'en as fait. Je ne sais pas. Ou alors un petit mal, quand je pense que tu ne m'en as pas fait tant que ça. Ça existe l'échelle du mal ? C'est quoi le nom ? La vie ? J'en ai aucune de nous deux. Seulement trois de notre fils et toi. C'est un bébé. Vous êtes au lit sur la première. Il est assis sur ton ventre, vous vous regardez. Personne n'a les yeux mi-clos. Tu le tiens par les pieds sur la deuxième. Vous êtes debout dans la chambre, devant le grand miroir. Il est à l'envers, la tête en bas, et ça a l'air de beaucoup lui plaire. Ces deux photos sont en noir et blanc. La troisième est celle que j'emporte quand je pars. Elle est en couleurs. Je ne sais pas où c'est. J'ai fait cette photo, j'en suis sûr, mais je n'ai jamais réussi à identifier le lieu. Disons que c'est quelque part. Il doit exister une île où se construisent au fur et à mesure tous ces décors inconnus et flous des photographies. Une île surexposée entourée d'un océan mauve et voilé. Ici, ça ressemble à l'été. Il y a des taches de lumière sur vos visages. C'est la fin d'un déjeuner. Peut-être que notre fils a deux ans. Il est sur tes genoux, devant une table en bois. Il regarde ta main qui entoure sa poitrine. Il porte un maillot bleu ciel. Toi, une robe imprimée de fleurs rouges, violettes et bleues, les couleurs sont sombres et passées. C'est une robe de brocante, comme tu les aimais. Il semble y avoir des gens hors champ. Je devrais demander aux gens. Étiez-vous sur cette photo ? C'était où ? Parlez-moi de ce moment.

Je vous regarde souvent. Jamais en public. Dans des chambres d'hôtel. Dans les toilettes des trains. Avant de m'endormir avec la lumière du téléphone. La fierté et la peine qui veulent dire la même chose. Toutes les images sont tristes. Elles sont toujours le dernier moment. Le souvenir de la perte.

Tu as toujours ton tatouage ? Ton S ? Montre-moi. J'y pense parfois. Je pense à lui dans la terre. Qu'en reste-t-il ? J'avais dessiné sur ta peau. Un S qui pouvait être autre chose. Tu avais raconté à ton mec que c'était un serpent. Il t'avait crue ? Jaloux de tout. On n'en veut qu'aux gens de leur passé. La terre et la mer on s'en fout. L'univers c'est pareil. Regarde le mien. Il a vieilli. Vieux M. Ce n'est plus toujours l'initiale de ton prénom. C'est aussi celui de ton état. De ton pays. J'en ai d'autres, ici. Je n'ai jamais rien pu faire d'autres que des lettres et des noms. Je suis un monument aux morts. Sauf que le mien n'est que féminin. J'ai des L. Des A. Celui-ci ? Celui qui court sur mon bras ? Je t'en parlerai plus tard. C'est le plus important. C'est l'amour après toi. C'est la vie dans ta mort. J'hésite. J'hésite à prononcer le moindre mot. Son seul prénom. Si beau pourtant. Lorsque je t'en parlerai, je t'en supplie, promets-le-moi, reste silencieuse et retiens ton souffle. Car si tu as eu une vie après nous, aussi brève fut-elle, aussi violente fut sa fin, accepte le bonheur que j'ai pu connaître. Admets que l'amour ait pu se pencher à nouveau sur mon ombre et mon corps fragiles. Que tu n'aies pas tout arraché, ou que les fleurs coupées de leur sens puissent ne pas faner aussi vite que nos vies mêlées. J'ai aimé. Tu m'as donné envie d'aimer. J'ai aimé comme tu as aimé. J'ai aimé comme tu m'as aimé. J'ai aimé comme tu m'as appris à aimer. J'ai aimé comme je t'ai vue en aimer d'autres. J'ai aimé sans arrêter de t'aimer. Et je priais le ciel et Dieu de me laisser encore aimer un peu. Je crois en la vie dépourvue de tout. Santé. Enfant. Argent. De n'importe quelle météo connue. D'espoir de guérison. Mais pas d'amour. Non. Comme la fierté et la peine. Alors on ne meurt jamais d'autre chose que d'amour. Je n'ai jamais souffert en amour, tu me disais. Mon pauvre enfant chéri. J'ai eu si mal pour toi. J'ai secoué ma tête jusqu'à démembrer mon corps pour partager ta douleur. Te secouer toi. Mon amour si doux. Mon bébé. Le docteur a dit que ton cerveau avait frappé la paroi de ton crâne. Et je ne comprenais pas sa langue. Et nous écoutions avec ton père. J'ai frappé des fumées. Étranglé des vapeurs. Battu des buées. J'ai couru dans la ville pour plonger dans le fleuve qui la traverse. Il faut aussi laver le sang qui ne coule pas. Ce n'est pas avant et après toi, le monde, la vie. C'est avant et après ta chair meurtrie. Avant et après les coups. La colère. La haine. La honte. Ceux qui meurent de leurs blessures offrent leurs plaies aux vivants.

Avant la honte, nous rentrons à Paris. Je suis heureux et notre fils dort à l'arrière de la voiture. Je commence à devenir un homme sans toi. Je loue des choses. Des maisons. Des voitures. Des amours pour trois jours. Je prépare l'avenir immédiat. Anticipe surtout le crépuscule qui rappelle le passé. L'enfant chez un copain de sa classe. Le père dans des bras dans un lit dans la nuit. On dira que c'est un coureur invétéré. Il saura qu'il est un guerrier habile à lutter contre la nuit qui tombe. Il faut dormir. Ne pas trop penser. Un million de bras. S'entremêler. Prendre ici pour en rassurer d'autres. Plus petits. Ça se prépare le moment présent. L'envisager pour qu'il le reste, sinon c'est du passé. Comment pourrait-on vivre aujourd'hui dans ces décors d'hier ? Tout est avant. Quel que soit le regard, la côte que je monte. Il n'y a que le geste du peintre et du musicien. Mais les tableaux et la musique, c'est hier. Nous n'en avons plus que pour quelques heures. Toi, notre fils et moi. La route est innocente. La station-service dans laquelle nous dépensons tout notre argent semble déjà perdue dans le soleil qui s'effondre. Nous roulons. Nous roulons bêtement vers le pire. Nous ne roulons même pas vers toi. Peu importe. Ton drame fracassera les boussoles, des tropiques ou des pôles, nous constaterons la même peine. Le résultat est partout identique. La distance et la peine, ça ne marche pas. C'est encore tout proche, à l'intérieur de la souffrance même, que l'on s'en sort le mieux. Dans son noyau. Respirer l'air du coup qui vient de te toucher. Se coucher sur les morts. Absorber leur sueur. Avaler leur souffle. Lécher ce liquide à la surface des cornées. Solidifier la peine pour la manger puis la chier avec joie. Il y a un peu de bonheur entre deux drames. Celui de regarder notre fils endormi à l'arrière. Le chocolat encore humide sur ses lèvres. Il y a du bonheur à écouter la musique. Ni Bach ni Cohen ne sont tristes. Ils sont audibles pour quelques heures. Ils reviendront bien. D'une autre façon. Avec méfiance. Mémoire. Dérision. Il y a du bonheur à trouver la campagne si belle, parce qu'on la quitte. Et la rapidité avec laquelle elle devient au passé est stupéfiante. Il y a du bonheur à entrer dans la ville. Qu'elle est belle fin juillet. Ceux qui sont restés donnent l'impression de nous attendre. Les affiches des abribus ont changé. Je dois m'occuper de celle de notre film. J'envoie des messages. Le même à tout le monde. Distributeurs. Producteurs. Acteurs. C'est samedi. C'est bref. C'est tendre. C'est rien. *Rappelle-moi pour le film. Je t'embrasse ma petite Janis. Mon petit John. Mon Steph. Mon Olive.* Ce message sera l'un des arguments majeurs de la défense d'un tueur pour expliquer son geste. Ce message fera la une des journaux. Ce message, tu ne le liras pas la première. Tu es sur écoute. On te surveille. Dans ton pays communiste, tu es traquée. L'espion est à l'intérieur de la caravane. Il est malin. Il a de la technique. Il n'a pas l'air d'être de ce côté de l'humanité. Il attend que tu reviennes et calme son nerf. Te voilà. Tu viens de finir de tourner. Les acteurs qui sortent de scène sont immortels. Inhumains. Il leur faut du temps pour retrouver la réalité. Ils ne savent plus vraiment le monde. Le pays. Les ondes. La modernité. Il reste encore du jeu. Des lumières aveuglantes. Des océans en sacs-poubelle gris et des lunes en carton. Des baisers aux mentons et des gifles sans douleur. Tu as reçu un message. Tu regardes ton téléphone. On te demande de qui. De personne. De Samuel. On te demande de le lire. Même si on l'a déjà lu pendant ton absence. Tu n'en sais rien. Tu y vas à haute voix. Tu ne dis qu'une partie du message. *Rappelle-moi pour le film.* Et l'autre, assis devant toi, le souffle qui accélère, sait que tu n'as pas tout lu. Pourquoi ne dis-tu pas la suite ? Elle n'est pas très grave. Elle n'a rien de dangereux. *Je t'embrasse ma petite Janis.* Du nom du personnage que tu avais joué. Ce n'est pas important. C'est presque facile. Décevant. Sans effort. Mais c'est déjà trop. Pour celui qui tourne en rond. Qui t'attend toute la journée, sans être capable de ne rien faire d'autre que de t'attendre. Sans être capable de s'amuser avec notre enfant. C'est inaudible. Je ne peux pas *t'embrasser*. Moi qui t'ai fait un enfant. Qui a dû te pénétrer pour te faire un fils. Qui ai couché mon corps contre le tien. Je ne peux plus t'embrasser. Et la défense de ce meurtre s'indignera de l'ambiguïté de ce message. Un journal titrera du plus gras de sa police : « Le sms qui a tout déclenché ». Là, aujourd'hui, dans ce pays. Mais s'ils savaient. S'ils avaient créé un détecteur de cœur. Demander la vérité avant de la chercher. Ils auraient vu. *Mon amour adoré, je pensais au sourire que tu m'avais donné en même temps qu'un fils, rappelle-moi ma beauté, je t'embrasse comme je t'aime.* Oh j'imagine leurs tronches. La mâchoire qui s'ouvre devant l'écran. La peau qui change de couleur. Celui-là t'aurait tué deux fois. Et au procès ridicule où l'on ne cherche qu'à accuser les victimes, quelle aurait été ta peine, puisque l'amour est malsain s'il est éternel. Je souhaite aux gens de mourir en aimant.

D'aimer mille fois et toujours plus.

De tout oublier sauf qu'ils ont aimé comme on les aimait.

Je peux mourir, te rejoindre ce soir.

Mon cœur est tranquille.

Non.

Je sais.

Je souhaite aux gens d'aimer toujours plus parce qu'ils ont déjà aimé.

J'aime bien la fille que je vois ce soir-là. Elle ne sait pas que je suis malheureux. Je planquerais un arbre sur un iceberg. Je crois que je suis amoureux aussi. Mais c'est pas vrai. C'est pour faire comme toi. Et te trouver dans le noir contre un corps inconnu. J'aime bien qu'elle m'emmène. Dans les quartiers que je ne connais pas. De toute façon c'est facile, partout est ailleurs. Il y a des cafés et des millions de jeunes sur les terrasses. Les places assises sont occupées mais c'est mieux de rester debout. Et les gens se mêlent. La tristesse rend beau alors les filles me regardent. Et je suis si maigre. Et mes yeux sont perdus, et je ris quand même. Et mon téléphone sonne et c'est toi. Je vais à l'écart du monde pour te parler. C'est un homme. Il y a bien ton nom sur l'écran, je regarde encore. C'est un homme qui gueule. Qui dit son nom méchamment. J'ai réussi à prononcer son nom. Parfois. Quand tu l'aimais. Quand il t'a tuée. Après ta mort. Devant notre fils pour lui montrer qu'on peut dire sans peur. Je prononçais son nom en contrôlant mon souffle et la couleur de ma peau. Les mots ne veulent rien dire. Mais les noms. Le nom des gens. De ceux qui vous enlèvent tout. C'est un travail. C'est pas tout le temps. Le courage, c'est pas toujours facile. Ça dépend du temps qu'il fait. De l'alcool dans le sang. Ah oui j'ai bu pour ça aussi. Qu'un nom ne me terrasse pas. Quand on me le balançait comme un crachat au visage. Tout le temps. Encore parfois. Les gens sont méchants. Ils le disaient eux-mêmes pour voir comment ça fait dans la bouche. Sentir leurs cœurs ennuyés s'agiter un peu. Réveiller leur presse endormie. Petits coups de couteau. Ici. Là. J'ai gardé chaque entaille. J'en ai partout. Des croûtes de ce nom. Et je tatoue du féminin pour adoucir le feu. Parfois notre fils le prononce. Alors je maudis la gravité et tout ce qui me retient. Et je sais qu'il l'entend sans moi. Que ce nom vient se faufiler en douce, des nuits, des ondes, de la malveillance. Les gens m'en parlent en imaginant qu'on ne m'en parle jamais. Que j'ai besoin d'eux pour y penser. Comme la lumière qui éclaire le monde mais qui n'appartient qu'à soi. J'ai compris à quel point les gens aimaient le mal. Qu'on te tue. Que des femmes soient battues. Des familles enterrées. On ne peut pas toujours appeler le mal par son nom. La force c'est pas toujours. Alors je l'appellerai différemment. Tu es d'accord ? Parfois je dirai son nom. Lorsque j'irai très bien. Quand mon cœur sera plein d'autre chose. Mais méfie-toi. Mon cœur se vide si vite. Et le moment juste après, la phrase suivante, je n'en serai plus capable. Je mettrai un masque sur le nom. L'autre. Lui. Celui qui. Celui qui t'a tuée. Celui que tu aimais. J'ai un ami qui porte le même prénom. Je l'aime bien. Et pourtant, chaque fois que je l'appelle, que je reçois un de ses messages, une lame me traverse. Lorsque je lui parle, j'évite de prononcer son nom. Et quand je le fais malgré tout, c'est un mot étranger. Un gros mot. Pire que les enculé, connard, pute, salaud. Ceux-là ne me font rien. Ils n'ont jamais tué la mère de mon fils. J'ai inventé un jeu pour faire rire notre enfant. Le jeu des « ou ». Rajouter des « ou » aux mots les plus angoissants. C'est toujours plus doux. *Vous avez un cancerou des poumonous. Une tumeurou au cervou. Vous êtes virou sans indemnitous. Fukuschimou. Maman est mortou. Elle a pris des coups. On va la mettre dans une tombou.* Ça ne marche pas avec toi. Quelqu'un a dit un jour que tu étais morte parce que tu étais tombée sur un mec qui n'avait pas d'humour. C'est sûrement vrai. Et les gens sans humour sont les plus dangereux du monde. Ils écrasent tout sur leur passage. Même la nature est drôle, y a qu'à voir certains animaux. Et comment ça drague dans

47

la jungle. Ça danse et ça caméléone de partout.

Ici c'est Paris. C'est le soir. J'écoute la voix fâchée à côté de la jeunesse soûle qui veut s'embrasser sur la bouche. Le souffle est mauvais. Brûlant. L'homme ne veut plus qu'on ait de rapports. Juste se parler pour notre fils. De l'organisation qu'il dit. Pas de *je t'embrasse*. C'est fini tout ça. Et il ne faut pas le prendre pour un con. Il y voit clair dans notre jeu. Il ne va pas se faire avoir. Et il raccroche. Mais juste avant, je comprends que tu es à côté. Juste là, près de lui. Je l'entends te dire *et voilà*. Et toi tu ne dis rien. Mais je sais que tu es là. Et ça l'emmerderait aussi peut-être, que je puisse sentir ta présence. Je sais que tu n'entres pas dans les colères. Les mauvais temps. Tu te caches. Ça pourrait presque te faire rire, toi qui n'as pas connu les cris. Élevée par un homme si doux. Émerveillé par le seul mouvement de ta respiration. J'écrirai sur lui, c'est une autre histoire. Je retrouve la fille que j'aime bien et j'embrasse sa bouche. Je lui raconte ce qui vient d'arriver. Ça lui fait de la peine. Elle demande si j'ai toujours quelque chose avec toi. Non. Pas plus que ça. Pas plus qu'un baiser dans un message.

Je dois te dire quelque chose avant de poursuivre ce dont je te parle maintenant. Je vou-

drais qu'on sorte tu sais. Et quand nous sortirons, dans une minute, dans une heure, dans
la nuit, nous irons voir une femme. Nous la
réveillerons peut-être, mais je veux que tu
la voies. C'est elle le A sur mon bras. Je te
parlerai d'elle et tu l'embrasseras. Avec cette
femme, nous nous sommes aimés longtemps,
des années après toi et pendant des années.
Elle a élevé notre enfant. Elle lui a coupé les
cheveux. Elle l'a habillé l'hiver et dévêtu l'été.
Elle lui a fait connaître plusieurs mers. Des
campagnes, des poèmes et des films. Elle lui a
donné une petite qui est sa sœur, qui est ma
fille. Oui, c'est elle aussi sur mon bras, mais
chut, pour le moment on n'en parle pas. J'ai
peur. Mais nous verrons A. Et tu l'aimeras. Et
tu lui offriras la couronne de fleurs qui orne ta
tête. Un jour, j'ai demandé à A. si elle avait
déjà aimé un autre homme plus que moi. Elle
m'a répondu qu'on aimait toujours plus. Après
nous, A. a connu d'autres hommes. Je ne sais
pas si elle les a aimés davantage, mais je sais
qu'elle y a cru, parce qu'elle croit en l'amour, et
l'amour et l'avenir c'est le même mot, et
lorsque je crois en elle, je crois en moi. Nous
irons la voir, oui. Je sais. Nous sortirons quand
tu seras morte. Et peut-être que nous irons te
visiter, là où ils t'ont mise. Pour rigoler. Parce
qu'on va pas souvent sur les tombes accompa-

gner des morts qui sont censés être en dessous. Tu veux une cigarette ? On la partage ? On ira boire aussi. J'aimais bien qu'on se donne rendez-vous dans des cafés. On se racontait nos vies. Celle des petites heures passées l'un sans l'autre, et la longue vie d'avant, où l'on se rend compte de notre presque mort, presque vie. Je pense à toi au milieu des autres. J'aimerais bien qu'on parle de ce coup de téléphone. Tu me raconterais et je ferais semblant de ne pas savoir ce que tu vis. Et puis on parlerait d'autre chose pour se foutre la paix. Te souviens-tu de la dernière fois où l'on s'est vus ? En vrai je veux dire. Sur cette place. Juste avant ton départ pour ce pays. Je ne voulais pas. Mais il fallait qu'on signe des papiers. Des papiers inutiles. Je travaillais et je ne voulais pas te voir. Et cela faisait plus d'un mois que je ne t'avais pas vue. C'était le record de nos vies mêlées. Tu as insisté. *Il faut qu'on signe ce papier ensemble parce que nous sommes mariés.* Quel était ce papier, je ne sais plus. Et puis, ce n'était pas vrai. Tu n'avais pas besoin de ça pour moi. Il fallait que tu me voies un peu avant de partir. J'ai signé le papier et nous sommes descendus dans un ascenseur. Tu me regardais. Tu souriais. Tu as dit *allez Samuel.* Allez Samuel. Je l'entends encore parfois. Comme mon père m'encourageait au foot.

Nous sommes allés prendre un café sur cette place. *Tu es beau. Tu me manques. Tu me manques beaucoup. Je vais partir. Seule. Je vais faire ce film. Et après j'y verrai clair.* J'ai dit d'accord. Tant mieux pour toi. J'en ai rien à foutre. Toi aussi t'es belle. Oui tu me manques. J'habite à huit mille mètres d'altitude et l'air est rare. Bon, on rigole. Ça ne va pas à tout le monde le sérieux. C'est pas notre costume. On dirait qu'on est déguisés. On a ri ce qu'on a pu. Parce qu'il t'attendait. Et que tu avais peur. Déjà. Et qu'il pleurait beaucoup. Et que les nuits étaient longues. Je ne connais pas l'amour. Je ne sais pas ce que c'est. C'est peut-être solide. Une couleur précise. Est-ce que cela s'attrape dans l'air avec un filet ? Certains doivent savoir. Mais moi je ne connais pas. Je ne sais pas si ça s'arrête. Je n'ai jamais d'avis là-dessus. Des amis ont voulu me confier leur amour. Leur rupture. Mais je ne savais jamais quoi leur répondre. Je trouvais toujours cela ridicule à la fin et j'avais envie de rire. Et de moi-même j'ai ri. On peut me parler d'amour comme du Venezuela où je ne suis jamais allé. Je dirai *ça doit être beau.* Mais si on insiste pour que j'en parle, alors je ne pourrais en parler qu'en rêve. Je dirais *c'est rouge, mauve le soir, épais et glacé, ça vole, ça s'effrite au toucher.* Je sais juste, je crois, la différence entre l'amour et la vie. L'amour ne meurt pas. Il se réincarne. Tu es ma première. Tu es la naissance en moi. Et en mourant, tu n'as pas emporté l'amour. Ni pour toi, ni pour les autres. Et je te remercie. Qu'y a-t-il de plus beau que cette implantation dans l'âme ? C'est contre ça qu'on tape. C'est pour ça qu'on a cogné sur toi. Faire disparaître l'amour qui est né un jour. Qui a grandi. Et l'amour est toujours plus jeune que les corps. On ne veut pas tuer l'être physique, mais ce qu'il transporte. Effacer les mémoires. Redémarrer les cervelles. Être le seul occupant ne suffit pas, il faut être le premier. L'amour c'est l'Amérique. Te marre pas. Je suis né un 17 décembre. Vingt ans après être sorti du ventre de ma mère. Je suis né le soir où tu es apparue dans la tour noire. Je le fête chaque année. Je retourne sur les lieux. C'est un anniversaire secret, qui ne regarde que moi. Je n'attends pas d'autre cadeau que de trouver le monde merveilleux ce jour. Je me lève tôt et profite de chaque heure. Il fait toujours beau le 17 décembre, je te jure, vérifie les éphémérides. Et tu le sais. La preuve, nous sommes le 17 décembre aujourd'hui. Le soleil ne s'est jamais caché. La température était anormalement élevée. Je me suis levé avant le jour. Je me suis lavé et rasé. Je me suis habillé avec des vêtements propres. Une chemise. Une veste.

Des chaussettes neuves. Des chaussures cirées. J'étais beau. Je suis sorti et j'ai marché vers nous. Comme c'est agréable de se rendre visite à soi-même. Autoroute. Enfance. Cités. Tours. Détours. L'obscurité masquant les changements de la modernité. Les peintures. Le béton rafraîchi. Tu étais venue avec moi une fois. Je t'avais montré mon étage. La fenêtre de ma chambre. Mon palier. Mon école. Le chemin pour y aller. Nous l'avions fait à pied. Montrer son enfance à son amour. Les mélanger. Aujourd'hui tu étais avec moi. Je souriais aux gens. Et ils pensaient que j'étais amoureux. T'ai-je appelée ? Atteint-on des pouvoirs surnaturels ? Et si Dieu a créé par amour, alors je comprends ses brouillons, ses naufrages et ses peines. Je ne cours qu'après toi et pourtant tu n'es pas au bout. Après l'enfance qui est derrière. Il m'est arrivé de continuer notre vie ensemble. De renoncer aux amours étrangères. D'être pris. En couple. De réserver un restaurant pour nous. D'y aller. De rentrer vite chez moi, qui était chez nous, pour te parler. Il fallait que je reste accroché à toi. Si tu avais quitté ce monde, je n'étais pas obligé de le faire aussi. Je pouvais rester dans notre pays. Encore. Avoir nos problèmes et nos joies. Je pouvais être pour deux. Mais n'est-ce pas ça ? Qui transportes-tu ? À quoi rêvent les morts ?

La musique n'a servi qu'à te faire vivre. Bach. Toujours Bach. Sur ton répondeur il y avait cette chanson. Te souviens-tu ? Je me rappelle ton numéro. Je me rappelle celui de mes parents aussi. Avant le 01. Je me rappelle la tristesse avec joie. Souvent. Mais tu es tout le temps là. À côté. Nous sommes un vieux couple. Ailleurs, je fais semblant. Pas d'aimer. Mais de l'amour. Des disputes. Des surprises. De la signifiance. De la jalousie. Des questions. De l'espoir. Des promesses. Pour m'aimer, il faut t'accepter. Comme A. a su le faire. Elle-même n'est pas seule. Et la plupart des êtres sont invisibles. Ils volent au-dessus, entre les jambes, s'accrochent aux dos, secouent les lits la nuit, ouvrent les frigidaires, les portes et les bouteilles, chuchotent des méchancetés, des drogues, des colères. Amours. Fantômes. Dragons. Mères. Vieux pays. Ce qui part ne s'en va pas très loin, il entre par nos bouches, descend à l'estomac, infiltre les colonnes, le foie, les reins. Mal du dedans.

Nous sommes le 26 juillet 2003. Vers minuit. Je marche. Je marche. Je marche et c'est lourd. J'habite un petit appartement cette année où tu es partie. Notre fils est chez un copain. Il dort à cette heure. Je rentre avec la fille que j'aime bien. Nous avons bu. Nous sommes ivres. C'est l'été. Les gens sautent dans les fontaines. Bientôt 15 000 personnes vont mourir de chaud et de soif. Ici. Dans notre pays. Tout de suite tu vas recevoir les coups qui vont te tuer. Aujourd'hui. Dans notre monde. Pourquoi n'ai-je pas trébuché ? Peut-être, je ne sais plus. Est-ce que celui qui frappe se prend pour le soleil ? Je me demande le moment. À quel moment ? Comme lorsque nous nous manquions et prenions nos repas et nos bains en même temps. À quel moment précis as-tu reçu le coup qui t'a tuée ? À quel moment ton cerveau a frappé ton crâne ? Je veux savoir la minute. Ça ne sert à rien d'autre que de savoir. Mais je n'aimerais plus cette minute dans les journées et je serais fort. Je ne me rappelle rien de particulier me concernant. Je cherche encore. Est-ce qu'une voiture m'a évité de justesse ? Ai-je ressenti une douleur soudaine ? Une faiblesse dans le genou droit ? J'ai sûrement fait le code de l'immeuble. Je ne sais plus le code. En passant devant le jardin ? Pendant que j'ouvrais la porte ? Quand nous avons traversé l'appartement jusqu'à la chambre ? J'ai fait l'amour. Je sais. Pendant que nous baisions ? On va dire ça. Ça nous plaît, hein ? Il faut bien raconter les choses. Même si tu es tombée dans le coma pendant que je pissais ou que j'ouvrais la porte de mon appartement, je te propose que l'on change l'histoire.

Toi tu mourais et moi je baisais.

Ça te va ?

Je sais que je dormais quand le téléphone a sonné. La fille aussi dormait. Ça ne l'a pas réveillée. Sur l'écran le numéro était bizarre. Des 1 des 3 des 9. Je ne sais plus. J'ai su que c'était toi. Que ça venait de toi. Le temps de trois sonneries avant de décrocher, j'ai imaginé une explication à ton appel. Tu voulais me parler du coup de téléphone de l'homme plus tôt ce soir. Tu étais partie. Tu étais ailleurs, quelque part, dans une cabine, dans un café, un autre hôtel. Je pouvais *t'embrasser*. Je pourrais toujours *t'embrasser*. Aucune voix fâchée au monde ne l'empêcherait. Et d'ailleurs cette nuit, tu m'embrassais toi-même, qu'importe l'endroit où je me trouvais, dans quels bras. Et tu voulais que je t'embrasse aussi. Tu me demandais de te le dire. Pour que l'amour reste mêlé. Il y eut des milliers de baisers, celui-ci était sacré.

Je décroche en quittant la chambre.

La voix de l'homme est calme. Sérieuse comme un animal apaise son souffle après l'effort. Nous devons parler. Expliquer. Comprendre. Cela est impossible pour lui.

— Quoi ?

— Cette vie. Ces gens. Cette femme-là. Toi. Qui est-elle ? De qui se fout-elle ? Avec ces gens. Ce cinéma. Et puis ce père. Oh ce père. Il est là, toujours.

— Non, ils se voient très peu.

— Oui, mais il est toujours avec elle. On ne peut pas exister à côté.

— Si.

— Et vous ? C'est quoi votre rapport ? Vous vous appelez dans mon dos ? C'est ça ? Vous ne vous êtes pas quittés. Vous vous moquez de moi. Alors que moi. Tu sais ce que j'ai fait ? J'ai quitté ma femme enceinte. Mon deuxième enfant. J'ai tout arrêté. Plus de nouvelles. Rien. Juste de l'organisation. Les enfants et basta. Je lui ai dit de ne plus m'appeler. Mais pourquoi je ferais ça si vous continuez à vous parler. Tu peux me dire ?

— Je ne sais pas. Mais on ne se parle pas. Marie appelle parfois pour parler à notre fils. Et je lui parle deux minutes.

— Tu lui parles de quoi ?

— De rien. De la vie. Comme ça. Je sais qu'elle t'aime. Elle m'a quitté pour toi. Elle m'a dit qu'elle était très amoureuse. Il n'y a rien entre nous. Juste le passé très long. C'est la première femme que j'ai aimée. Mon premier amour.

— Moi aussi.

— Mais tu as eu deux enfants avec une autre femme, tu as vécu longtemps avec elle. Ça existe.

— Marie m'a demandé de couper les ponts avec cette femme.

— Ça m'étonne. Mais tu aurais dû refuser. D'ailleurs j'ai rencontré ton ex-femme. Elle m'a téléphoné un jour pour qu'on se voie. On a pris un café près de l'endroit où je travaille. Je l'ai beaucoup aimée.

— Marie va me quitter.

— Je ne crois pas. Vous devriez être heureux.

Nous parlons longtemps. Surtout lui. Les mêmes mots mélangés dans des phrases identiques. Je ne pense qu'à toi. Je ne mens pas mais ne dis pas la vérité. C'est inutile. Tu l'aimes. Voilà ce que je lui dis. Tu m'aimes et je t'aime. Je ne le dis pas. Tu en as aimé d'autres avant nous. Je ne le dis pas. Tu en aimeras d'autres. Je ne le dis pas. Tu es une aimante. Tu aimeras toujours. Toutes les heures de ta vie. Tu as quitté quelqu'un pour moi. Vite. Nous étions ensemble et heureux le lendemain. Tu m'as quitté aussi vite pour celui qui me parle ce soir. Et tu savais faire oublier ton passé aux autres. Pour que maintenant soit demain. Tu m'as appris. Pour avoir un indice de la fin d'une histoire, regarder comment elle commence. Ce que l'homme ne supporte pas en toi, c'est toi. Tu ne peux pas cacher long-temps.

L'homme qui joue à l'enfant est insuppor-table. Pervers. Il force la femme à n'être qu'une mère. Il la réduit au sein. Ça ne marche pas entre hommes, ça fait des guerres.

— Elle est où Marie ?

— Dans la chambre, elle dort.

Je ne sais rien. Je ne connais pas les lieux. Je comprends que vous habitez un apparte-ment. Qu'il n'est pas dans la même pièce que toi. Cellule de crise. C'est la fin de la semaine. Tu es fatiguée. Il a attendu pour exploser. Accumuler toutes ces journées ta liberté. Ton indépendance. Être celui qui attend. Qui se met à détester ton mouvement. Tes costumes. Les gens autour. Ta fatigue. Ce qui te plaît. Tes autres rires. Regards. La cigarette que tu partages. Les mots que tu récites. Je te vois. Je sais que tu te caches au lit dans un faux sommeil. Tu as huit ans. Et demain ça ira.

— On s'est beaucoup engueulés ce soir. Je l'ai giflée.

Je ne comprends pas. Je ne sais pas ce que ça veut dire. Je ne dis rien, ça ne me touche pas, ça n'a pas de gravité, ce n'est pas vrai, cela n'existe pas. Je suis fatigué. J'en ai marre de parler à ce type. Je le trouve gonflant. Je trouve qu'il chiale trop. Même quand il s'intéresse à moi, il me plaint et il chiale. Il finira pas transformer ma grippe en cancer. Et puis, ça me rattrape. Le mot pas grave. Plus loin dans la nuit. Il revient. L'image prélevée d'un cauchemar qui arrête le rêveur dans la journée. La gifle. Et la phrase. Je l'ai giflée. Ça veut dire quoi, en fait? Je suis à 2 030 kilomètres et ça me touche. Aussi. L'écho du coup. On ne frappe jamais qu'une seule personne. Je t'imagine recevoir le coup. L'encaisser. Je vois ton regard à cet instant. La forme que prend ta bouche. Peut-être que tu bouges un peu la tête. Que tu le regardes encore. Que tu souris. Je ne crois pas que tu portes la main à ton visage. Je ne sais pas si tu as peur. L'écho du coup se prolonge dans la nuit. Je pense à notre fils endormi. Il doit être sur le côté. Cela fait longtemps qu'il dort. Dans le lit de son copain. Ou sur un matelas par terre. Il doit avoir son pouce dans la bouche, c'est certain. Ses pieds en dehors du drap. J'imagine qu'il se retourne à un moment. Il ne sait rien de ce qui se joue dans le monde et contre lui. Et tu quittes la chambre pour ça. Pour ne pas réveiller les gens. À côté. À 2 030 kilomètres.

Tes bouts qui dorment. Ailleurs. C'est les rêves. L'odeur des lits. Ici. Vacarme. Veines gonflées. Tu te retournes et tu sors. Pieds nus, tu ne sais marcher que sur la pointe des pieds. Il faut dormir. Ressembler à l'enfance. Prendre la forme d'un nuage. Tu l'entends m'appeler. Ça te va. Tu sais que je serai là. Je ne ferai rien contre toi. Et ça me vient. Tu fais semblant. Je sais que tu fais semblant de dormir. Je voudrais t'emmener au restaurant. Comme nous le faisions dans la nuit. Je voudrais manger quand les autres dorment. Je voudrais que la nuit soit invisible et sans importance. Je ne veux plus que la nuit tombe. Les regards. L'amour. Les corps dans les corps. Chez moi les stores en ferraille sont toujours fermés. Il n'y a presque rien. Un canapé en velours rouge. Une table. Deux chaises. Une machine à café. Je compte acheter un frigidaire. Pour conserver. Des choses nouvelles. Neuves. Tu m'as offert une lampe blanche. Je l'allume sans y prêter attention. Je fume. J'écoute encore. La voix ne m'endort plus, elle s'adresse à une autre partie de moi. Parfois je dis hmmm. Dans quelques jours, je serai assis sur une chaise du quai des Orfèvres et je raconterai cette discussion au commissaire. Je ferai un effort pour me rappeler des mots, de ceux que je n'écoute pas. Je regarderai une lampe posée sur le bureau et je penserai à celle que tu m'as offerte. C'est à ce moment que j'y penserai. À l'instant où j'ai allumé ta lampe et que la voix que je n'écoutais pas vraiment me disait que tu l'avais attaqué. Toi. Qu'il t'avait giflée pour te calmer. Et c'est toujours à toi que je voulais raconter les choses. Nous en parlerons, d'accord ? Tu me diras les coups ? Combien ? On a dit que tu saignais. Je suis étranger. Ici. Chez moi. Dans les bras de la fille. Dans mon lit. Face aux flics. Étranger à ton sang qui coule. À ton corps. Je ne suis lié qu'à la cigarette et à la lumière. La même ampoule éclaire tout à la fois. L'ennui et le drame. Sa lumière est la même sur l'homme qui tourne et me parle sans s'arrêter. Je n'en imagine pas d'autre.

Je demande encore où tu es.
— Dans la chambre.
— Va voir si elle va bien.
J'entends les mouvements. J'entends qu'il se penche. J'entends qu'il prononce ton prénom. Doucement. Et puis le mien. Il dit *c'est Samuel. Marie, c'est Samuel.* Je crois entendre ton souffle.
Ton épaule frotter contre le drap.
— Elle ne se réveille pas.

Je crois qu'il pose le combiné contre ton oreille. Je dis *Marie, c'est Samuel. Tu m'entends ?* Est-ce que tu m'entendais ? Combien de temps avons-nous perdu à parler aux morts ?

Est-ce que tu m'entendais ?

— *Oui.*

Je crois que je te dis bonne nuit. Oui, je te dis ça. Et je veux dormir aussi. Je ne veux plus rien entendre. Je veux m'endormir à côté loin de toi. Je lui dis d'appeler ton frère qui est aussi dans ce pays. Il va faire ça. Il me remercie. J'ai honte aujourd'hui de ce remerciement. C'est un merci à ma bêtise. Plus tôt j'aurais dû. Dès son premier appel dans la soirée, lorsque tu étais encore intacte, j'aurais dû me hisser à la hauteur de sa violence. Rejoindre son troupeau. Être au passé des hommes pour te protéger. La violence par la violence.

Je fume encore au lit. La fille est tournée. Je pose ma main sur son dos. J'ai oublié quelque chose. Je ne sais pas quoi. J'appelle ta mère qui est aussi dans ce pays. Répondeur. Je ne laisse pas de message. J'ai oublié quelque chose.

Je m'endors.

Je voudrais des ventes aux enchères de rêves. J'en achèterais pour cette nuit. Le rêve que l'on dérange quand le téléphone sonne. Le matin est si petit parfois. Tu m'as appris à l'aimer. Les heures orphelines. Ne pouvant offrir que leur inquiétude.

Ce n'est pas encore six heures. On vient de te découvrir mourante dans un lit. Ma main est encore posée sur le dos de la fille endormie. C'est une autre voix qui m'appelle. Les chiffres sont toujours bizarres sur l'écran. Il y en a trop. J'entends les mots. Une autre langue derrière. Des hommes. Tu te rappelles ? Je crois qu'ils te soulèvent pour t'emmener à l'hôpital. C'est ça ? Je me lève et retourne m'asseoir devant ta lampe. Ici, rien n'a changé. On me demande d'en prévenir d'autres. De leur dire. Mais quoi ? Je ne sais pas quoi dire aux gens. Je ne sais rien. Seul l'endroit où je me trouve existe, et ici, il ne se passe pas grand-chose. J'entends des voix. C'est tout. Des voix cruelles qui jouent et se moquent. Les voix qui disent : elle n'est pas encore morte mais elle va mourir. On l'opère du cerveau. Il l'a massacrée. Il faut venir lui dire au revoir. Dis-le aux gens. Préviens-les. Parle à son père. On te rappellera.

Le premier numéro que je compose est le tien. Je ne laisse pas de message mais j'écoute ta voix sur l'annonce. Tu avais enregistré la mienne. Une chanson. Tu te souviens ? Tu pourrais la chanter encore ? Tu connais Elvis ? Parfois je compose ton numéro. Je veux dire aujourd'hui. Tu n'as jamais été remplacée. C'est un disque qui raconte que tu n'es plus attribuée. Il faudrait dire ça. Et si les mots ne veulent rien dire. On pourrait changer de disque. Votre correspondant est mort, il ne vous rappellera pas. Et si je tombais sur une autre voix ? Une voix de femme. Belle comme la tienne. Je lui dirais. Je lui raconterais tout. Et je voudrais la voir. Et nous tomberions amoureux. On dirait, c'est Marie qui l'envoie. Tu m'as déjà fait signe ? Une femme ? Un bruit ? Une ombre ? Une pluie ? Quand je crois en toi, je pense que je ne sais pas voir. Est-ce que tout ce qui se passe sur terre est un signe des morts ? Il n'y avait rien. Avant. C'était vide. Le monde s'accumule comme une maison qu'on ne range pas. Personne dans le désert. Aucun signe. Et la neige, c'est pareil. Je dis aux gens. Je ne dis pas que c'est un rêve. On s'en fout de ça. Rêver que les gens meurent ne les tue pas. Tuer les gens qui rêvent, oui. Comme toi.

Je dis que tu vas mourir. Ça ne me fait rien. Je reste assis sur le sol et j'annonce ton état à quelques-uns. Pleurs. Silences. Cris. Questions. Je ne sais rien. Je parle avec ton père qui est au courant. Il pense qu'on lui a menti, que tu es déjà morte. Il va prendre un avion pour te rejoindre. Moi aussi. Il me demande d'y aller. Il faut être là-bas. Je veux me recoucher avec la fille qui dort dans mon lit. En me levant, j'ai tellement mal au bas du dos que je m'écroule. Je ne peux plus me redresser. Je rampe jusqu'à ma chambre et escalade le lit. La fille se réveille.

— Qu'est-ce que tu fais ?

— Rien. La mère de mon fils est en train de mourir.

— Quoi ?

— Son mec l'a frappée, elle est dans le coma, elle ne s'en sortira pas.

— C'est pas possible !

Elle se redresse et me prend dans ses bras. Elle ne te connaît pas. Enfin si, je crois qu'elle t'a connue, avant. Je n'ai plus envie d'être dans ses bras. Ni de parler de quoi que ce soit avec elle, ou n'importe qui. Elle pleure et ça m'emmerde même si je comprends qu'elle le fasse.

— Pourquoi tu m'as pas réveillée ?

— Je sais pas…T'es neurochirurgienne ?

Faut pas rigoler. On rigole pas. C'est pas le bon moment. Alors je le fais dans ma tête. Je me fais tellement rire de ces fois. La fille veut venir avec moi. Au moins m'accompagner à l'aéroport. S'occuper de mon fils pendant mon absence. Je m'en sors avec un café dans la cuisine. Mon dos me fait si mal. T'y étais ? Écho du coup. Je marche penché, j'ai pris cent ans. Quelle coïncidence, au moment où tu crèves, j'ai un cancer des reins. Je ne peux pas voir notre fils. Non. Je ne peux pas. Il faut que tu meures avant. Ma petite mère va s'en occuper. Elle va aller le chercher chez son copain. Au téléphone ma mère pleure alors je lui parle mal et elle arrête. Mon père m'écoute aussi, il ne dit rien. Il dit vas-y et ne t'inquiète pas. Et il dit salaud et il raccroche.

Je me souviens de ce type qui battait sa femme. Tu te rappelles, je t'avais parlé de lui ? Dans ma cité. Il s'appelait Jojo. Enfin, sûrement Georges ou José. Mais on disait Jojo. Sa femme était toujours avec des yeux gonflés et bleus et noirs et les lèvres de travers. Elle habitait notre immeuble, quelques étages plus haut. Un soir elle était venue chez nous. Du sang coulait de sa bouche. Elle tenait son ventre d'une main et de l'autre son fils Jean-Pierre qui était mon copain. Ils avaient passé la nuit à la maison. J'avais dormi avec Jean-Pierre et ça m'avait fait plaisir. On entendait les grands parler dans le salon et nous on se marrait dans mon lit à se raconter des histoires d'horreurs et de filles inaccessibles des quartiers pavillonnaires. Le lendemain mon père m'avait emmené à la boxe.

— Un type qui frappe sa femme, ses enfants ou son chien, c'est qu'il s'écrase toute la journée devant son patron. C'est de la faiblesse d'être fort.

On t'avait déjà touchée avant ? Et lui, il t'avait déjà touchée avant ?

Et le téléphone sonne encore. La fille est partie de chez moi. Je prépare mes affaires pour te rejoindre. Je pourrais presque me faire beau. Je crois en ton réveil. J'y crois toujours. Au retour. Réunion. Autour d'une table. Ça fait plaisir. On a changé. Regarde. Certains ont grandi. D'autres ont vieilli. On a survécu. Tu veux savoir quoi ? Doucement. Doucement, tu vas t'étouffer de nouvelles. En voici une : le téléphone sonne. C'est K. L'ex-femme de lui. Elle a entendu qu'il y avait eu un problème. Que tu es à l'hôpital. Mais elle n'en sait pas plus. Elle a aussi appelé quelqu'un d'autre, de la famille. Je prépare mes affaires. Je ne sais pas quoi prendre. Le chaud, le froid. Je remplis un sac de tout. Je n'ai pas vraiment de sac. Une sorte de baluchon. Je n'ai jamais voyagé sans toi. J'écoute la femme me parler. Sa voix est douce. Je sais qu'elle est belle et profonde. La première fois où je l'ai vue dans ce café, elle portait une combinaison kaki et ses cheveux étaient attachés. Je l'imagine comme ça pendant qu'elle me parle. Je ne dis rien. Je ne dis pas que tu vas mourir. Je dois faire mon sac. On m'a demandé de parler à certaines personnes. Là, je ne suis pas obligé. C'est elle qui parle. Elle dit qu'il est comme ça. *Violent.* Qu'il l'a toujours été. Qu'elle le sait. Que ça lui est déjà arrivé à elle de le subir. Qu'il l'a envoyée à l'hôpital une fois. Elle espère que tu iras bien. Que je lui donnerai des nouvelles de toi. Je ne dis rien. Je sais que tu n'iras pas. Que je ne donnerai aucune nouvelle. Je raccroche. Paris est en train de fondre. Mon téléphone sonne en permanence. Je ne réponds jamais.

L'été, c'est toi.

Dans le taxi pour l'aéroport. On parle de mon voyage. Je dis au chauffeur que je pars te rejoindre. Que tu es ma femme. Je ne sais pas quoi dire d'autre. Mouvement. État civil. Je me souviens du Japon. Des îles de Polynésie. De l'Italie. D'autres salles d'attente. D'avions à hélices. Les langues étrangères se mélangent aux sonneries modernes, klaxons, moteurs, réacteurs. Tu as vu ces vues ? Où étais-tu assise ? Copenhague. Il faut courir dans les tunnels du terminal 2B. C'est ridicule de courir parfois. C'est fait pour les vivants. Vers les vivants. Il devrait y avoir un vol par jour pour les morts. Pour ceux qui ne veulent pas y aller. Un vieux coucou dégueulasse, un moteur en moins, le hublot percé. Ni consigne, ni ceinture. Je ne sais pas si on arrivera, mais c'est pas grave. Il vaut mieux pas. Je regarde les gens sur les sièges à côté. Je les vois morts et constate leur dégradation en direct. C'est de ta faute. Le monde meurt avec toi. J'imagine leurs visages et leurs corps couchés dans le bois maculés de terre. Lesquels choisiront le feu ? Nous n'en avions jamais parlé. Peut-être comme des enfants. Et tu me demandes d'être si grand maintenant. Je t'en veux de m'avoir vieilli. Et ce dos cassé. Pelades. Peau craquée. Ici, le taxi traverse la ville. Quelle est cette ville ? Les trottoirs sont en terre. Des femmes portent des foulards et des sacs plastique remplis de légumes et de patates. Les mères sont laides. Leurs filles grandes et belles veulent partir. Quel est ce pays qui ne retient pas les gens ? Tu ne dois pas mourir ici. Par la fenêtre, le ciel semble écraser sa misère grise sur la pierre abîmée et les champs. Un moment je comprends la violence. L'influence de l'univers triste qui se penche sur la ville. Des guerres sont passées. Il semble en rester une, invisible. L'hôpital est grand. Il ressemble à celui où notre fils est né. Il y a du monde devant. J'en connais quelques-uns. Et d'autres, français ou d'ici, que je ne connais pas mais qui portent les mêmes masques de tristesse. Des photographes commencent à traîner autour. La presse est au courant. Elle le sera pour toujours. Les avions vont se remplir d'informateurs. Le petit journaliste du coin, qui n'a rien à raconter, va bientôt pouvoir s'enrichir de tes blessures. On me mène à l'étage. Un couloir. Un tunnel dans lequel je n'ai pas à courir. Une femme me recouvre d'un tissu bleu et léger, d'un bonnet. Une autre fait disparaître mes chaussures sous la même matière. D'une porte entrouverte, je vois ton père assis. Il regarde devant lui. Il ressemble à un enfant. Il porte aussi cette tenue informe et ridicule qui ne protège de rien. Depuis quand est-il là ? Comme tu as dû être triste qu'il te voie ainsi. Comme les hommes pleureraient s'ils assistaient à l'extinction de la dernière étoile. J'avance. J'ai déjà marché vers toi. Ému. Tremblant. Pressé. Ralentissant le pas pour faire durer le chemin. On vient de t'opérer. Un homme est dans la salle et surveille les lumières, les courbes, les liquides. Que fais-tu là ? Dans ce lit ? Un bandeau épais entoure ta tête. Il y a des taches marron à plusieurs endroits. Ton visage est déformé. Chaque partie que l'on nomme, œil droit, œil gauche, nez, tempes, bouche, menton, porte la marque d'un coup. Comme si on avait méticuleusement frappé chaque morceau dans une organisation précise. Plus tard, la défense de celui qui t'a tuée dira que ce visage que nous avons vu était la conséquence de l'opération que tu venais de subir. Mais cette opération était bien la conséquence des coups que tu avais reçus. Ton visage est ce que j'ai vu de plus beau et de plus triste. Seul un tremblement de terre peut provoquer une telle déflagration de la beauté. Et un homme. Mais ils ne l'arrachent jamais complètement. Je peux encore te trouver magnifique. Là, maintenant. Donne-moi un bout de peau. Un ongle. Je chuchoterai ton nom. Et même derrière ton maquillage de sang et de violence je connais ta beauté. Je ne vais pas rester longtemps. L'homme en blanc me dit que je peux te parler. Il le dit en anglais, avec des mots simples que je comprends. Je fais le tour. Je m'approche de ton visage. Au-dessus. Je connais l'angle. Les nuits où je te regardais dormir. J'entrais plus tard dans la chambre et je restais un moment penché. Ton épaule est découverte. Je vois le S sur le haut de ton bras. Il n'est pas blessé. Je ne touche à rien. Et plus aucun homme ne peut le faire. Le baiser le plus doux brûlerait ta peau. Pourrai-je un jour encore aimer ?

Je dis *c'est Samuel.* Je le dis si bas qu'il est impossible que tu m'entendes. Et ce bandage qui entoure tes oreilles. Je dis *ne t'en fais pas. Je vais m'occuper de notre fils. Il va bien.* Je regrette immédiatement de dire ça. L'homme en blanc continue de surveiller les appareils. Je ne sais pas s'il m'entend. Ça me gêne. Même s'il ne parle pas notre langue. Même s'il voit tous les jours des pauvres types penchés à faire des promesses. Que peut-on dire ? J'aurais voulu parler d'autre chose. T'inclure. Être égoïste et ne parler que de moi. Te dire *j'ai faim. Il doit y avoir un distributeur dans l'hôpital. La bouffe est bonne ici ? Je suis fatigué. L'avion était bondé et il faisait chaud. Tu penses à quoi ? Tu as déjà pensé à ce qu'on se remette ensemble ? Je suis allé dans ce restaurant dont tu m'avais parlé, j'ai trouvé ça un peu dégueulasse. J'ai du mal à écrire en ce moment. J'ai plus d'idée. Je t'avais pas parlé d'un truc que je pourrais écrire ? Je m'ennuie. Je vais plus pouvoir me plaindre de notre amour déchiré maintenant que tu meurs. Il va falloir que je sois comme tout le monde, triste de la fin de ta vie, mais la fin de nos cœurs, ça fait chier quand même.*

Je vais déjeuner avec ton père. Il choisit du bon vin. Il prend le temps pour choisir. Demande conseil au serveur qui ne parle pas notre langue. Nous parlons de toi. Il y a une sorte d'euphorie chez celui qui va tout perdre. C'est un dernier râle. Les petits morceaux de joie éparpillés ici et là dans son corps, dans demain, dans ce qui aurait été joyeux plus tard, se réunissent pour éclater en une fois. L'océan se vide dans une vague. Celui qui t'a tuée vient d'être placé en détention. Il a tenté de se suicider paraît-il. Pourquoi ? Pour argumenter sa défense ? On en parlera presque autant que de ta mort elle-même. Je marche dans la journée. J'appelle notre fils. Il n'aime pas le téléphone. Il ne sait pas quoi dire. Moi non plus. Il va bien. Il joue. Il regarde un dessin animé avec ma mère. Je pense à un ami dont le père est pédiatre. Je l'appellerai pour qu'il me parle. Je vais boire dans un bar. Je choisis le plus sombre. Une sorte de pub avec des téléviseurs qui diffusent des clips de chanteurs du coin. C'est surtout de la techno. J'appelle toutes les heures pour avoir de tes nouvelles. Il n'y en a pas. Un spécialiste est arrivé de France pour t'observer. C'est une vedette dans son domaine. Et en plus il fréquente des vedettes. Il en opère parfois. Alors ça s'excite un peu. Mais lui-même ne peut rien pour toi. Tu vas mourir. Tu dois mourir. On va ramener ton corps encore vivant dans un avion sanitaire. Je pourrais faire ce voyage avec toi. Mais je n'ai pas envie de te voir. Il

faut bien s'habituer. Commencer à le faire.
Dans la rue la nuit va tomber. Je croise de plus
en plus de Français. Des gens de ton tournage.
Des amis à lui. Son groupe. C'est le plus haut
lieu de tourisme non désiré. K. m'a appelé plusieurs fois. Elle a dû comprendre la gravité de
ton état. Elle regrette sûrement son coup de
téléphone du matin. J'ai honte en les croisant.
Je ne suis pas un père, un frère, un fils. Je ne
suis rien. L'ancien. Celui que tu as quitté.
Celui qui doit transporter une haine de l'autre,
une jalousie, et même une réjouissance de ce
qui arrive. Je ne pourrais dire que des méchancetés. Je ne suis pas celui qu'il faudrait
réconforter. Et pourtant le mal m'attend. Ou
plutôt, je vais le ramener en souvenir de ce
pays maudit. L'offrir au cœur de mon amour.
Bientôt, je vais moi-même casser la gueule de
mon enfant. Le frapper sans les mains. Juste
avec les mots qui ne veulent rien dire. Ah je ne
peux pas penser à ça. Tu comprends ? Je vous
hais quand j'y pense. N'en parlons pas. Je me
retrouve devant l'immeuble où tu vivais dans
cette ville. Je regarde les fenêtres. Celle de ta
chambre. Des policiers sont là, mêlés aux jour-
nalistes. Les Français sont arrivés. Chacun est
avec son clan, ou du moins ce qui lui ressemble
le plus. Les appareils photo sont identiques.
Des flashs partent régulièrement. Comme

pour enregistrer inlassablement la même image. Parfois un flash se déclenche, suivi d'une dizaine d'autres quelques secondes plus tard. Comme des coups de feu de soldats face au danger invisible. Ils n'ont rien d'autre que ce mur vide et inutile. Ils attendent. Se regardent. Parlent d'autre chose. Dans quelques heures, ils vont se jeter sur ton corps allongé. On aura beau protéger ton visage avec des mains bienveillantes, il apparaîtra un peu de ta peau meurtrie sous la couverture dorée. Ça se vendra cher. Je recule et je cours. Peut-être que mon fils est lui-même encerclé. J'appelle encore. Mon père va vérifier. Je vais rentrer ce soir. Mais je ne verrai pas notre enfant. Je n'en suis pas capable. Tu dois t'éteindre complètement. Je ne mentirai pas d'un souffle. Pourquoi lui dire que tu vas mourir puisque tu vas mourir. Je n'ai pas à lui raconter ce qui va arriver. Mais le passé. La seconde juste avant. Ou celle qui se pose sur nous.

Dans l'aéroport je me sens protégé. La nuit cache la laideur. Les langues qui se mélangent aussi. Je cherche des toilettes pour me branler. J'en ai déjà eu envie à l'hôpital. Et après dans les rues. Je veux jouir. Que mon corps tremble et m'échappe. Je ne veux pas d'une autre fille. Je peux boire seul aussi. Tu m'as appris l'alcool.

L'alcool solitaire. Le meilleur. Et l'amour que l'on vit pour deux. Je sais que je reviendrai dans ce pays. Je le quitte en chantier. Les portes automatiques qui se ferment derrière moi sont fragiles comme leur verre. Celui qui t'a tuée est emprisonné, pendant que tu meurs. Je sais que vous vous aimiez. Malgré tout ce qu'on a dit et qu'on dira encore. Malgré moi et la colère. Contre la raison et ceux qui donnent leur avis. Et j'aime comme tu aimes. Tu ne sais pas faire semblant d'aimer. Quand tu étais adolescente, tu racontais à tes parents que tu voyais des amis. Mais tu allais traîner dans des terrains vagues et des chantiers en construction. Tu t'achetais une bouteille d'alcool et un paquet de cigarettes et tu restais la nuit à boire et fumer seule. J'aimais que tu me racontes cette histoire. Je te demandais de me la raconter souvent. Parce que j'étais devenu ton terrain. Je regarde les immeubles près de ton enfance et t'imagine assise sur les poutres de leurs échafaudages. Notre fils te ressemble aujourd'hui. Il me rassure de compagnie et de société. Mais je ne sais rien. Peut-être erre-t-il dans les mêmes chantiers. Et ce soir j'irai traîner autour de lui. Je monterai la garde. Entre les taches d'urine et les nuages de nuit qui se ressemblent.

J'ai rêvé de Rome. Je ne sais plus si j'étais encore dans la salle d'embarquement ou dans l'avion. Mais j'étais dans un métro à Rome. Et je devais te rejoindre. Tu m'avais écrit ton adresse sur un bout de papier. Je le donnais à une femme pour qu'elle m'indique le chemin, mais elle laissait tomber le papier dans une flaque et l'adresse disparaissait. J'étais pris de panique et je courais en pleurant dans les couloirs du métro. J'entendais la femme crier au loin *ce n'est pas par là*. Je voulais te trouver vite, comme on perd un enfant, plus le temps passait et plus tu serais loin. Je ne sortais pas du métro. C'était le même qu'à Paris. Mais j'étais à Rome. J'ai rêvé que j'interrompais un rêve. Je disais *attends, c'est bien toi, c'est bien la réalité*. Et je retournais dans cette sorte de fête. Dans un hangar. Loin d'ici. Peut-être était-ce une forêt. Tu embrassais ma joue en me répondant *oui, c'est moi, je suis désolée*. À chaque fois que j'ai rêvé de toi, et c'est arrivé beaucoup, et peut-être cette nuit encore, tu étais désolée. De quoi ? D'être morte ? De nous avoir laissés ? Mais ce sont les mots que je mets dans ta bouche. Je suis désolé que tu sois morte. Que tu nous aies laissés. De ne pas avoir été assez beau, fort, drôle pour te garder. Un jour on ne se verra plus. Je n'y pensais jamais quand tu étais là. J'ai rêvé des endroits où nous sommes allés. Ils se mélangeaient souvent. Des hôtels dans des villes. Des ruines sur des plages du Nord. Des vues sous-marines. Les chambres que nous quittions. Les maisons délaissées. Il m'est arrivé d'affronter à nouveau et dans la réalité nos paysages passés. Je ne disais rien. J'ai revu le Vésuve. Nous sommes restés silencieux et secrets. Lui et moi. Je suis retourné dans cet hôtel à Naples. Ce vieux gorille fatigué à la fourrure grise. On m'a donné notre chambre. Je voudrais savoir. Est-ce moi qui réveille les choses ? Est-ce toi ? Après l'amour est-ce encore l'amour ?

J'arrive avant toi. Je loue une chambre d'hôtel en face de chez mes parents où se trouve notre fils. Je ne leur dis pas. Je demande une chambre avec la vue sur la rue et leur immeuble. Mon dos me brûle et j'ai du mal à rester debout. Et même allongé, je dois changer de position toutes les minutes. C'est peut-être un de tes refuges. Tu es venue dans mon dos ?
— *Oui.*
Tu aurais dû rester, je m'y serais habitué à ta douleur.
Je ne veux plus te voir. Tu n'es pas loin. Allongée dans une banlieue. Je n'ai qu'à

prendre un bus. Je regarde la télé et je fume. Le soir je sors. Je suis au bout du monde, ici, chez moi. Ton visage commence à s'afficher dans les rues. Il fait 40° la nuit. Je ne connais pas ces images de toi. C'est une autre vie. Ta peau m'a marqué. Tes mains m'ont touché. Tes lèvres embrassé les miennes. C'est ton corps qui s'en va. Je marche vers ta banlieue. Longtemps. Devant l'hôpital, les photographes sont là. Les mêmes. Ils n'ont pas de visage. C'est un essaim qui crépite parfois. Je fais le tour. Sauter les murets. Parking. Par les buissons. Derrière c'est un terrain en chantier. Ici c'est bien. Je regarde les fenêtres. Je voyage aux bords de vos vies. Notre fils et toi dormez. Je surveille. Frappe un mauvais rêve. Étouffe les sirènes. J'ai une idée. Je vais te réveiller. On a essayé la médecine. Mais je sais comment faire. Et si ça ne marche pas, alors c'est vraiment foutu. J'attrape une petite poignée de pierres, je choisis les plus denses, pointues. Je vise les fenêtres. Une par une. Je ne commence ni par le haut, ni pas la gauche. J'y vais au hasard du lancer. Je cherche d'autres pierres. Je finirai bien par te toucher. Je ramasse encore celles qui sont tombées. Enfant déjà je cassais les vitres des halls d'immeubles lorsque je m'ennuyais. Une fenêtre s'allume. Je recule un peu. Et mon cœur s'anime. J'en jette encore une. Une silhouette apparaît, ce n'est pas toi. Je continue. Et je chuchote fort ton nom en balançant mes pierres. J'ai mal au bras et mon souffle est court. Il fait si chaud ce soir.

Je vais rentrer.

Quel est le chemin ? Je ne me rappelle plus. Je repasse devant notre rencontre. Cette tour-hôtel en périphérie. Tour noire. Je crois que tu portais la même robe que ce soir. N'est-ce pas ? Tu as vraiment joué avec la vitesse de mon sang. Je ne sais plus comment je dors, mais le lendemain c'est encore le téléphone qui me réveille.

Il faut arrêter de te soigner. Puisque ça ne te soigne pas. Il faut que tu meures. Mainte-nant. Et comme nous sommes mariés. Épousés. Je dois donner mon accord. Moi. Je dois dire que je suis d'accord pour que tu meures. Je n'ai même pas bu mon café. Je me lève et vais à la fenêtre regarder l'immeuble où se trouve notre fils. La voix me parle. C'est une sorte de technique. Comme pour installer à distance le câble sur la télévision. Dans la chambre, il y a un petit plateau avec des sachets de thé et de quoi se faire un Nescafé. Je fais chauffer de l'eau. Je donne mon accord pour que tu meures. On me rappellera. Je rac-croche. Je m'assois sur le lit. J'attends que l'eau boue. Deux minutes environ. Je regarde les instructions. Il faut mettre une cuillère ou deux, pas plus, au fond d'une tasse, verser l'eau et remuer. Le café est prêt. J'applique les consignes. Je retourne m'asseoir en touillant. Le téléphone sonne. Tu es morte.

Je voudrais qu'on sorte. Tu veux ? On peut prendre des manteaux chauds. Des cigarettes et une bouteille de vin. J'ai du bon vin. Une bouteille, je crois. Il y a des endroits. Et puis, je ne me perds plus dans Paris. J'aimais ça avant. Avec toi je me perdais un peu. Tiens, essaie ça. Moi je vais mettre ce pull. J'ai toujours mes chaussures. Je les avais avant toi. Ah ça me fait plaisir d'aller faire un tour en ville. La nuit c'est mieux. C'est comme il y a cent ans. Et il ne pleut plus. Tu l'aimes cette rue ? J'y suis depuis quatre ans. C'est la première fois que je vis seul. On peut marcher jusqu'aux grands boulevards. Ce n'est pas loin, juste au bout, par ici. C'est dommage de ne pas prendre les galeries et les parcs, ils les ferment la nuit. J'ouvrirais tout. Surtout en décembre. Tu passes à travers les murs ? Tu te glisses sous les portes ? Je t'avais fait jouer une morte qui revenait. Tu te souviens ? Il y a des cafés sur les boulevards. Je veux boire un peu, gardons la bouteille pour plus tard. C'est comme dans la chanson de Christophe qu'on aimait bien. Je veux un verre de rouge, et toi ? On s'arsouille ? À la tienne. T'es pas obligée de le boire. Je le finirai. Y a plus de flipper. Il y a de l'ivresse chez les morts ? Ça me man-quera. Si t'as froid aux pieds, je te passe mes godasses. Tu me les piquais. Oh la dégaine. Tu peux pas savoir comme je suis content d'être dehors avec toi. J'ai chaud même. J'aime bien les comptoirs. Position idéale. C'est pour ça que les gens boivent. Ils sont bien installés. Ils devraient remplacer les bureaux par des bars dans les écoles, il y aurait de ces progrès. Qu'est-ce qu'il a à me regarder celui-là ? Il me trouve beau ou quoi ? Bon, on va ailleurs ? Je vais te montrer un truc.

Il faut marcher un peu. J'aimerais que tu fasses gaffe aux morceaux de verre. Tu saignes encore ? Ça ne t'ennuie pas d'être morte avec un cœur en si bonne santé ? Et du beau sang plein les veines ? Ça devient quoi le sang dans les corps dans les tombes ? Si j'étais un mous-tique je me choisirais un mort. Tu m'as donné du courage. Et de la peur. Du courage pour moi. De la peur pour les autres. Je suis sûr que la mort ne sert qu'à soulager nos vies. Il faut bien l'éternité pour se remettre des petites années ici.

Regarde, c'est là. Devant ce café. Je crois qu'il était différent à l'époque. Il y a plus de bistrot dans Paris. C'est ici que ma mère m'a ramené notre fils. Quand il m'a vu, il était bien à cent mètres, il s'est mis à courir vers moi. Il ne savait pas que j'allais le tuer. C'est la seule chose qui restera. Les courses des enfants pour me rejoindre dans les rues, dans les bras.

Nous sommes rentrés à pied. En nous tenant par la main. Aujourd'hui encore nous nous tenons par la main. Nous nous soutenons. Comme les vieux juifs qui se promènent. Avec ton père aussi nous nous tenons en marchant. Avec mon copain R. aussi. Est-ce que la gravité est la même pour tout le monde ?

— On va où papa ?

— On rentre à la maison.

Il n'est pas encore habitué à avoir deux maisons. Il dit chez moi « chez toi ». Il dit chez toi « chez nous ». Je le comprends. Les petits enfants ont plus besoin d'une mère que d'un père. Les petits enfants aiment leur mère tout le temps. Les petits enfants aiment leur père parfois. Une heure ou deux dans la journée. Quand ils rentrent du travail.

— Je dois te dire quelque chose.

— Quoi ?

Je n'ai pas envie de lui parler dans la rue. Je veux être chez moi. Il insiste. Il me demande si c'est une surprise. Je lui dis que c'est quelque chose de grave. Il ne comprend pas. Rien de grave ne lui est encore arrivé. Mais il n'insiste plus. J'ai peur. Plus rien ne fonctionne correctement. Le cœur. Le souffle. Les pas. Dans quelques minutes, je vais tuer mon fils. Une partie de lui. Et personne d'autre ne peut le faire. Pourquoi pas un étranger. Quelqu'un qu'il ne reverra jamais. Je vais le bousiller en quelques phrases. Moi, son père. Lui cogner le cœur. Tu es né il n'y a pas longtemps. C'était marrant la vie. C'est fini. C'est plus marrant. Ça ne sera plus jamais complètement marrant. Et ne crois pas que tous les enfants de cinq ans vivent la même chose. Non. C'est juste pour toi. Tu n'aurais peut-être pas dû naître. Si j'avais su, est-ce que je t'aurais fait ? J'en sais rien. Peut-être pas. Ou peut-être que oui quand même. T'avais deux maisons, t'en as plus qu'une. Les câlins près du sein : terminé. La voix chaude au coucher : terminé. Les yeux verts et fiers : terminé. Ma poitrine plate. Mes yeux noirs. C'est ça la vie.

Nous croisons deux gars, ils me regardent bizarre. Et plus loin l'un des deux m'appelle par mon nom. On s'arrête. On se retourne. Le gars se marre, et son copain aussi. Ils s'attrapent par les épaules et se secouent de toutes leurs forces en gueulant *Marie*. On les regarde faire. Jusqu'à ce qu'ils partent. Notre fils me demande pourquoi ils ont fait ça. Je lui dis que je ne sais pas. Que la plupart des timbrés sont en liberté non surveillée. Faire des détours. Emprunter les ruelles. Chercher le désert des villes. Remettre à cinq minutes. Trois minutes. Une minute. Que quelque chose se produise. Quelque chose de plus fort. Un autre drame, plus fort que le drame. Donnez-moi un autre drame. Le tremblement de la Terre. Pas assez fort. L'effondrement du ciel. Pas assez fort. Ma propre mort. Pas assez fort.

Nous sommes arrivés. Chez nous. Je n'étais pas revenu ici avant ce soir. C'est une rue que l'on peut facilement éviter dans Paris. Et puis elle est moche. Comme l'immeuble. Mais j'aimais bien que tu viennes parfois. Ça te faisait drôle de me voir vivre seul. Tu me disais *t'es jeune, t'es jeune, tu vas faire plein de choses dans ta vie*. Et tu m'offrais la lampe. Des fleurs. Tu regardais ma chambre. L'endroit où je me laverais désormais.

Je ne sais plus le code. Tu le connais toi ? Alors tu n'as pas de pouvoir ? Tu ne sais pas les codes des portes ni lire dans les pensées ? Ça ne sert à rien la mort. On n'a qu'à attendre que quelqu'un ouvre. C'est un grand immeuble. Attends, je vais taper des chiffres au hasard. Anniversaires de guerre. De paix. Je joue ta date de naissance parfois. J'aime bien les jours en 21. Je ne sais jamais la date de ta mort. Je la confonds avec ton coma, avec notre rupture. Je sais que c'est l'été. Escaladons les grilles. Regarde, c'est facile. Tu peux monter sur mes épaules. C'est à moi. Avant j'avais plus de force. Mais la nuit je suis plus fort que la journée. C'est ici. Tu vois ce jardin ? Il est plus grand qu'un square. Il n'y a aucun jeu d'enfant. Juste des bancs. Une pelouse morte et des fenêtres qui nous regardent comme des yeux tristes. D'ailleurs, il y avait cette femme accoudée à l'œil. Quelle fenêtre était-ce ? Une grosse femme qui ne nous quittait pas du regard, sauf quand je la regardais moi-même. Mais je la sentais tout le temps. Et cela rajoutait un témoin à l'horreur.

Quelle est cette scène ? Ce jeune homme qui parle calmement. En tremblant. Debout, devant cet enfant qui pleure. Comment l'homme a-t-il pu provoquer l'explosion du petit corps assis sur ce banc ? C'est intéressant. Ce n'est pas ordinaire. D'habitude il n'y a pas ça ici. C'est les vacances. Les enfants sont ailleurs. L'immeuble est aux trois quarts vide. La gardienne s'est fait remplacer et c'est une autre femme qui traverse le jardin avec les poubelles et le courrier. La grosse femme trouve ça bizarre quand même. Faut peut-être faire quelque chose. Sauver l'enfant face à l'étranger. Alors une fois, elle ne détourne pas le regard. Elle s'affirme comme témoin. Elle est capable de m'identifier. Elle reconnaîtra mon visage. C'est lui. N°4. Il tue sans arme. Sans toucher. Je l'ai vu dire quelques phrases, de loin, et l'enfant a... explosé. Que peut-on dire pour provoquer cela ? Mais juste après, l'homme a pris l'enfant dans ses bras, il le serrait fort, il lui embrassait la tête, les joues, les mains. Il lui parlait doucement, juste un mot qu'il semblait répéter. Et l'enfant s'est mis à hurler. J'ai entendu. *Je la verrai quand ?* Et l'homme a répondu par un mot que je n'entendais pas. L'enfant demandait encore, toujours *je la verrai quand ?* Il s'est calmé. Il regardait devant lui. L'homme ne quittait pas l'enfant des yeux, il essuyait les larmes sur sa peau. Ils se sont levés, l'enfant dans les bras de l'homme, ils ont traversé le jardin jusqu'à l'autre immeuble, le bâtiment B.

Je n'ai pas dit à notre fils de quoi tu étais morte. J'ai dit un accident. Moi aussi je me suis servi de ce mot flou, trop large, trop grand. Ça ne veut rien dire un accident. Personne ne meurt de ça. Comme *l'incident* de la RATP pour expliquer le suicide d'un passager. On ne meurt pas d'accident. On est coupé en deux. Écrasé au sol. Foudroyé. Secoué. Quel organe s'arrête le premier? Voilà de quoi il s'agit. Le cœur a cessé de battre, alors que le reste marchait très bien. C'est ton cerveau qui a cogné. Mais tes poumons, ton cœur, tes reins étaient tranquilles. J'ai dit que tu étais tombée. Que ta tête avait frappé le coin d'une table. Que nous est-il arrivé? Nous étions des enfants. Te souviens-tu? C'était juste hier. Le sucre et les toboggans. Les mots drôles et les bruits nouveaux. Comment arrive-t-on si vite en enfer? Je n'ai même pas regardé le chemin pour repartir en arrière. Et puis, personne ne m'avait prévenu qu'on mourait déjà avant la mort. C'est ici, dans ce jardin, que vit le diable. Voici notre terre malsaine. Autour de ce banc. Il n'y a pas de meurtre au couteau, c'est un crime aux mots. C'est invisible. Tu sens l'odeur? Le feu n'éteint pas les larmes. Et l'herbe coupée n'y peut rien. Tous les endroits sur cette terre étaient sacrés. Ils pleurent un à un. S'effondrent les uns après les autres. Chlak... Chlak... On annonce des misères et les pelouses sèchent. Ici, un mur glisse. Là, une plage s'efface. Tout est témoin du pire. Chaque endroit sur cette Terre nous déteste. Ce banc où nous posons notre cul ce soir n'est pas le même pour tout le monde. J'y ai vu des amoureux s'embrasser et fumer un joint. Un vieillard s'y reposer. Il y avait des enfants qui jouaient au ballon. Il y avait des oiseaux. L'odeur de l'été. J'ai installé notre fils sur le banc. Je lui ai dit qu'il ne te verrait plus jamais. Plus jamais. Il m'a demandé quand il te reverrait. Plus jamais. Il m'a demandé encore quand il te reverrait. Plus jamais. Et encore. Plus jamais. J'ai dit ce qu'on m'avait dit de dire. J'ai fait ce qu'on m'avait dit de faire. Ce médecin, père de mon ami. Je l'avais appelé. Il me disait *mon fils*. Il me disait *la mort c'est pas Disneyland, mon fils. Faut pas laisser d'espoir. Si t'es croyant, c'est pareil. Pas d'espoir, mon fils. Il y a deux choses à faire. Ne jamais laisser d'espoir. Il va te dire qu'il veut la revoir. Qu'il l'a vue. Dans un rêve. Dans la nuit. Dans la rue. Tu lui diras : les rêves c'est les rêves. La nuit c'est noir. La rue c'est les autres. Tu comprends mon fils. Si tu lui donnes un*

espoir, il ira jamais bien ton fils, mon fils.
Jamais d'espoir avec les morts. Il faut pas comp-
ter sur eux. Déjà sur les vivants c'est pas facile.
Mais regarde les vivants qui sont presque morts.
Mon oncle Joseph qui revenait d'Auschwitz, on
pouvait plus compter sur lui. Tu comprends,
mon fils ? L'autre chose que tu dois faire, c'est
l'emmener à l'enterrement de sa mère. Même un
bébé il faut l'emmener. Le point de départ. On
en a tous un. Et plusieurs avec le temps. Faut
partir de quelque part pour aller ailleurs. C'est ce
que tu dois faire, l'emmener ailleurs, et pour ça,
partez de l'enterrement. Ça va aller mon fils.

Allons voir l'appartement. Celui où nous
sommes allés nous réfugier après le jardin.
Regarder des Simpson, comme aimait notre
enfant. Il y a sûrement des gens qui y vivent.
Mais je leur parlerai. Ils nous laisseront entrer.

Tu leur feras peur.

— Oui ?

— Bonsoir madame, je ne voulais pas vous
déranger. Il est tard. Mais j'ai habité ici avant.
Avec mon fils. Nous y avons vécu seulement
quelques mois. Mais il nous est arrivé quelque
chose. Nous avons appris la mort d'une femme
que nous aimions. Ici. Chez vous.

— Je ne comprends pas ce que vous dites.

— Lorsque je vivais chez vous, ma femme est morte.

— Dans l'appartement ?

— Non. Elle était loin. D'ailleurs ce n'était plus ma femme. Mais j'ai appris sa mort chez vous. Dans la chambre.

— Je vais appeler la police.

— Non. Je vous assure que ce n'est pas grave. C'est juste que ma femme est revenue ce soir. Et je voulais lui montrer l'appartement.

— La morte ?

— Oui.

— J'appelle la police !

Viens. On va faire le tour. L'appartement est au rez-de-chaussée, la fenêtre de la salle de bains donne sur un talus derrière l'immeuble.

J'aime être allongé sur l'herbe avec toi. Notre premier lit était d'herbes et de feuilles. Près de l'ancienne gare d'Avignon. Te souviens-tu ? Tu m'avais raccompagné à la gare. Nous étions en avance. Près du parking, nous avions trouvé un petit coin de gazon caché derrière des cyprès, derrière des voitures. Nous y étions couchés, l'un contre l'autre. Encastrés face à face, les jambes mêlées, les lèvres collées. La fois d'après en revenant te voir, nous avions immédiatement retrouvé notre cachette à ma descente du train. Juste dix minutes derrière les voitures. Ce fut notre premier champ. Il n'existe plus. La gare TGV a changé. Ils en ont construit une nouvelle. Notre terminus est rebaptisé Avignon-Centre. Et à la place de notre terre, c'est un dépose-minute. Une sorte de petite aire bétonnée sur laquelle reposent des taxis aux portières entrouvertes. Je suis retourné à la gare, retrouver un ami qui venait de Nantes. Je suis resté près de notre terrain recouvert d'asphalte. Je fixais le sol. Sous le taxi, sous le béton. J'y entrais autrement.

Regarde là. Par la fenêtre horizontale à hauteur du talus. C'est une salle de bains. Elle n'est pas très jolie. Juste ce qu'il faut de carreaux blancs. Une baignoire. Un lavabo. Un miroir simple. C'est ici que j'ai appris à notre fils à boutonner correctement sa chemise. Nous allions t'enterrer.

Nous nous réveillons tôt. Notre fils prend son petit-déjeuner avant d'aller jouer avec ses bonshommes. Je reste dans la cuisine. Je voudrais écrire quelque chose. Aujourd'hui. Je ne sais pas ce que j'écris, ça ne doit pas être bon, mais je le fais.

Nous devons partir à 9.30.

Je donne un bain à notre fils. Lave ses cheveux. Il me demande comment les choses vont se passer. Je n'en sais rien.

Il n'est pas triste. Moi non plus. Une sorte d'excitation se mélange à la chaleur anormale pour la saison.

Rentrée des classes en enfer.

La veille, j'ai acheté deux chemises blanches. Une pour lui et l'autre pour moi.

Il veut s'habiller seul. Nous enfilons nos chemises en même temps. Il ne trouve pas la deuxième manche. Je veux l'aider, il refuse. Je termine de boutonner ma chemise, il trouve la deuxième manche. Commence à boutonner. N'importe comment. Ça l'énerve.

— T'as attaché lundi avec jeudi.

— Quoi ?

— Tes boutons, t'as mélangé.

— Pourquoi lundi avec jeudi ?

— C'est une expression.

— Pourquoi on dit pas mardi avec jeudi ?

— J'en sais rien… Peut-être que c'est ce qu'on dit.

— Mercredi avec… dimanche.

— Si tu veux… D'ailleurs je crois pas qu'on dise lundi avec jeudi.

— C'est atroce cette expression !

— Atroce !

— Ça veut rien dire, ça m'énerve encore plus.

— Atroce !

Je boutonne sa chemise.

Il me regarde faire. Je lui souris. Les gens disent qu'il me ressemble. Je sais que sa peau a ton goût.

Nous éteignons les lumières de l'appartement. C'est un rez-de-chaussée si sombre que nous devons éclairer en permanence.

Je voudrais qu'il mette une casquette. Il n'a pas envie. Je lui dis que c'est la canicule, que nous allons rester longtemps dehors au soleil. Ce n'est pas l'unique raison. Je trouve une casquette rouge trop grande. Serre l'élastique au maximum. Il est très beau avec, comme tous les vêtements d'adulte portés par des enfants.

L'inverse est ridicule.

Viens, reprenons le chemin. La nuit est profonde mais je saurai trouver. Tu veux me donner la main ?

Il faut prendre l'avenue de la République.

Et remonter sur la Roquette. Ce n'est pas loin.

Les cimetières sont fermés la nuit. Il y a des horaires pour les hommages. Viens, de l'autre côté, avenue Gambetta, il y a du lierre qui recouvre le mur. On peut s'y accrocher pour escalader.

Notre fils est dans mes bras. Nous marchons. Il y a beaucoup de monde. Peut-être mille personnes. Ou dix mille. Les gens sont de chaque côté de l'allée. Ils ne bougent pas. Juste le visage pour nous regarder passer. Puis regarder passer les suivants. Les gens ont l'air plus tristes que nous. Nous défilons comme des morts vont s'enterrer eux-mêmes. Nous entendons :
— C'est son fils... C'est son père...
Nous avançons. Ça monte. Musset... Shhhh clac... Proust... Shhhh clac... Delacroix... Shhhh clac...
Le silence n'est pas normal. Je mets du temps à m'en rendre compte. Le silence est bruyant. Ce n'est pas un animal. Ni les chuchotements des gens. Autre chose. Il y a un bruit. Démultiplié à l'infini.
Shhhh clac... Shhhh clac... Shhhh clac...
Je tourne la tête. Cherche le bruit. Je regarde d'abord le ciel. Rien. Devant. Derrière. Rien. Peut-être est-ce toujours ce bruit à ces moments. Non. Alors je regarde les gens. Entre les gens. Shhhh clac. J'en vois un. Un autre. Puis cent. Entre les milliers

de gens. Des milliers de photographes. On les reconnaît vite entre les gens, ils n'ont pas de tête. Shhhh clac. C'est nous qu'on mitraille. Jets de pierres. Rires métalliques. Nous valons de l'argent. Maintenant, et plus que jamais nous valons de l'argent. Je ne sais pas combien. Cent? Cinq cents? Cinq cent quatre-vingt-dix-neuf?

Et si je trébuche sur cette pierre? Et que nous tombons notre fils et moi devant ton cercueil? Mille? Trois mille neuf cents? Et si je suis pris d'un fou rire? Et si l'envie me prend de pisser, et de baisser mon froc pour me vider sur une tombe au hasard? Et si je veux ouvrir le cercueil pour donner un autre baiser à la mère de mon fils? Ça doit valoir un paquet ça. Le baiser à une morte. Cent mille? Deux cent mille? Et si elle se réveille grâce au baiser?

Un million? Un pays? Une religion?

Nous marchons encore longtemps.

Je cherche ton père. Je sais qu'il est devant. Je veux le voir. Nous dépassons le monde. Notre fils me demande pourquoi j'accélère. Pour faire la course. Je voudrais gagner. Arriver dans les trois premiers.

Doubler par la droite comme c'est interdit.

On dirait qu'on ne dépasse pas aux enterrements. On garde le rythme de l'ennui. Il faut penser au mort quand il était vivant. Mais moi je pense à mes jambes qui me font mal. À la chaleur étouffante. Et je pense que j'aimerais partir.

Ton père est là.

Je m'accroche à lui.

Il se retourne lorsque je l'appelle silencieusement. Il nous sourit.

Nous n'avons plus d'âge.

Près de ton père, le silence est encore plus assourdissant.

Ah s'il pouvait pleurer un coup !

Sortir un râle !

Rêvez, hommes sans tête.

Vous êtes chez les forts.

Pas d'amour avant l'amour.

Pas de vie avant l'humanité.

Nous arrivons au trou. Il est déjà creusé. Il nous attend. Des chaises sont installées. Et de l'autre côté, un endroit organisé pour les hommes sans tête. Ils s'installent naturellement. Se connaissent.

Chorale. Podium. Micro.

Des gens parlent. Citent les autres. Refusent. Disent que ce n'est pas elle aujourd'hui qui est dans cette boîte. Notre fils me demande si c'est vrai. Non, la boîte n'est pas vide. Pas Disneyland. Pas dans le ciel. Pas dans les rêves. Dans la boîte.

Et puis, il se produit un miracle. Notre fils a soif. Je n'ai pas emporté d'eau. Je n'en vois nulle part. Je dois en trouver. Je demande aux gens proches de nous. Pas d'eau. Je m'éloigne un peu. Demande à d'autres. Nous n'écoutons plus les mots amplifiés. Nous cherchons l'eau. Aventuriers. Chercheurs d'or.

Une femme nous donne une bouteille. Le voilà hydraté.

Fin du miracle.

Nous reprenons notre place.

Un homme d'État parle derrière le micro. Notre fils me demande qui est l'homme. Qui est celui qui a autant le droit de parler. Celui qui semble si bien connaître sa mère. Jamais vu de ma vie. Est-ce que sa mère le connaissait ? Jamais vu de sa vie. On pense que le micro est à lui.

Les porteurs de boîte s'éparpillent dans la foule. Ils donnent des roses à certains. On fait signe de nous en donner une. L'homme chuchote qu'il faut mettre la fleur sur le cercueil. Pour dire au revoir. Une file d'attente s'organise. Les hommes sans tête se placent comme il faut. Trouvent le bon axe. Les gens des allées applaudissent. Les roses sont déposées une à une sur ta boîte. Le silence plus ou moins bruyant en fonction de qui dépose la rose. Notre tour approche. J'ai le trac. Notre fils me demande ce qu'il doit faire. Poser la fleur sur la boîte. Il dit qu'il est trop haut sur mes épaules. Je me baisserai. Je me foutrai à genoux même s'il le faut et ça vaudra trois cents. Notre fils me demande si c'est toujours comme ça les roses sur les boîtes ou si c'est juste pour sa mère. Je n'en sais rien. Je croyais qu'on jetait de la terre.

Plus qu'un avant nous.

Les roses s'entassent.

De la mort sur la mort.

Nous sommes devant toi.

Je fais ce qu'on m'a dit de faire.

Je pose la rose.

Je t'aime.

Je me baisse le plus possible.

Notre fils se penche pour poser la rose.

Nous t'aimons.

Le silence est déchiré.

Nous rentrons plus vite que nous sommes arrivés. Notre fils est descendu, il marche près de moi. Cet été bat tous les records de chaleur. Les gens ont trop chaud pour être heureux.

Nous arrivons à la maison. Je prépare des sandwichs pour déjeuner. Nous sommes fatigués. Je propose une sieste avant d'aller au cinéma ou au jardin.

Notre fils accepte mais seulement si nous nous couchons dans mon lit.

Le sommeil arrive vite.

Nous rêvons sûrement.

Nous dormons longtemps. Jusqu'à ce que la nuit arrive. Jusqu'à ce qu'il ne reste plus la moindre lumière sur ce jour.

Et qu'il soit hier.

Je ne trouve jamais ta tombe. Enfin, je ne suis pas venu souvent, mais je sais que chaque fois je la trouve par hasard.

Ça doit être plus haut. Et puis sous la tour crématoire. Et un peu plus à gauche. À l'angle. Ou au bord du trottoir.

C'est ici.

T'aimes bien ? C'est simple. Pas prétentieux. Il y a encore des gens qui déposent des choses sur ton marbre. Des mots. Des fleurs. Des cailloux. À manger. Une bouteille de vin vide au trois quarts.

Une année après, notre fils m'a demandé d'aller te voir. Il ne dit jamais au cimetière. Ce n'est pas triste de dire cimetière. Mais ce n'est pas vraiment l'endroit où tu te trouves.

Tu n'es nulle part ailleurs que dans nos discussions. Quelque part dans les mots qui deviennent des images, des souvenirs fictifs. Des nuages.

Nous allons au cimetière en métro. C'est direct sur la ligne, on trouve que c'est une bonne nouvelle. Quelle chance, le Père-Lachaise est à cinq stations, sans changement. Maintenant qu'on sait ça, on ira peut-être plus souvent.

J'appelle mon père. Lui sait où se trouve la tombe. Il y va chaque semaine. Il fait le ménage sur la tombe. Il emmène une grosse éponge, un torchon et un seau. Il n'a jamais parlé de ça. Il ne parle pas de la mort en général. Il dit des choses comme :

— Ça va les enfants ?… Il fait pas chaud en ce moment… Il faut bien couvrir ta gorge.

Et puis il prend son métro pour aller nettoyer la tombe de son ancienne belle-fille.

— Papa, on est au cimetière, je ne sais plus où se trouve la tombe ?

— Allée 24, division 45.

— D'accord, mais c'est où ça ?

— Il faut que tu montes, tu prends l'allée principale, et puis tu arrives à un rond-point, avec une statue, là tu prends la deuxième allée sur ta droite, tu continues une vingtaine de tombes, et tu remontes sur la droite, tu suis le chemin, et la tombe est à cinq cents mètres sur la gauche.

— D'accord.

— Ça va le petit ?

— Oui.

— Il fait pas chaud.

— C'est vrai.

— Couvrez bien vos gorges.

Nous arrivons au rond-point, mon fils me demande qui est l'homme de la statue.

— Adolphe Thiers.

— C'était qui ?

— Un salopard qui a écrasé la Commune de Paris.

— Pourquoi il a une statue si c'était un salaud ?

— Plein de salauds ont des statues et des rues à leur nom un peu partout.

— Même des gens qui ont tué ?

— Oui… Mais des gens qui ont tué à la guerre, pour leur pays.

— Alors on a le droit de tuer si c'est pour un pays ?

— Apparemment.

Nous restons un moment devant toi. Je me demande ce que pense mon fils de la tombe de sa mère. Est-ce qu'il la trouve plus belle que les

105

autres ? Comme quand on pense que sa mère est la meilleure cuisinière ?

Je vais m'asseoir sur le trottoir un peu plus loin, j'allume une cigarette. Mon fils est resté debout devant la tombe, il a juste fait un pas de côté pour être exactement en face. Il se retourne vers moi.

— Qu'est-ce que je fais papa ?

— Je sais pas… T'es pas obligé de faire quoi que ce soit.

Il regarde la tombe. Et se retourne encore.

— J'aimerais bien lui parler.

— Vas-y.

— C'est bizarre de parler à voix haute.

— T'as qu'à chuchoter, ou parle dans ta tête.

— Elle entendra rien.

Je comprends qu'il imagine que sa voix doit porter pour que tu puisses l'entendre quelques mètres en dessous. Je me lève et vais près de lui.

— Qu'est-ce que tu voudrais lui dire ?

— Je sais pas… Que je pense à elle.

Je regarde la tombe, j'essaie de calculer ta distance dans le sol, je prends aussi en compte l'amas de terre, et l'isolation du cercueil. Je prends mon souffle :

— SALUT ! JE SUIS AVEC LE PETIT… ON VOULAIT TE VOIR…

ENFIN T'EMBRASSER... ENFIN TE
DIRE... SALUT...

Notre fils rigole, il vérifie si personne autour
ne nous regarde. Je retourne m'asseoir sur le
trottoir. Notre fils reste devant la tombe. Je le
connais, il est timide, il n'ose pas parler fort. Il
se lance quand même :

— BONJOUR MAMAN... ÇA VA ? JE
PENSE À TOI...

Il se retourne vers moi.

— Je sais pas trop quoi lui dire.

— Demande-lui où elle a foutu ton carnet
de santé !

— Quoi ?

— Ton carnet de santé, je le trouve plus
depuis qu'elle est morte.

— T'es bête papa.

Un groupe d'une douzaine de personnes
arrive. Ils suivent une guide. Ils s'arrêtent
devant la tombe, notre tombe. Notre fils ne
bouge pas, il les regarde.

La guide parle fort. Elle prend un ton de
prof d'histoire et commence à gueuler ta vie
et mort devant notre fils. Heureusement in
english. C'est son boulot, traîner des groupes
de touristes de tombe connue en tombe
connue.

— Alors la France ?

— Très beau.

— T'as vu quoi ?

— Ben… Chopin… Édith Piaf et Morrison.

— Waou !

Même si mon fils ne comprend pas l'anglais (moi non plus), je me jette sur la guide.

— Vous pouvez arrêter s'il vous plaît ?

— Pardon ?

— Vous pouvez aller dire vos conneries sur une autre tombe… Je crois qu'il y a Bécaud qui est enterré là-bas.

— Vous plaisantez ?

Notre fils s'approche, la guide le remarque, et puis le lien se fait dans sa tête. Je ne suis pas un malade mental qui empêche les guides de morts connus dans les cimetières de faire leur boulot. Ce petit garçon représente toute la normalité du monde. La guide n'a plus la même tête, elle me demande :

— C'est sa mère ?

— In english !

— His mother ?

— Yes !

— Sorry…

Elle se tourne vers son groupe.

— We will go to Musset.

Nous n'allons jamais au cimetière. Ce n'est pas l'endroit où se trouvent les morts. Les morts sont dans les gens. Chacun en porte une quantité plus ou moins importante.

Personnellement, je suis 80 % vivant, 20 % mort.

De l'eau morte.

Viens voir le contraire des tombes.

Était-ce mieux avant? Étais-je mieux avant? Quand j'avais connu moins de gens. Avant de me retourner. Et les hommes et les filles. Avant toi. Et les élèves et les maîtresses. Les gens aiment juger. Les gens aiment donner leur avis sur ce qui ne les concerne pas. Les gens n'ont aucun autre sujet de conversation que la vie des autres. Les gens aiment qu'il se produise un fait d'hiver pendant l'été. Les gens s'ennuient l'été. Les gens pensent toujours qu'ils feraient mieux que les autres gens. Les gens n'aiment pas les gens connus. Les gens connus n'aiment pas les gens connus. Les gens n'aiment pas les gens. Les gens aiment qu'un coupable devienne innocent. Les gens aiment surtout qu'un innocent devienne coupable. Les gens aiment les chiens. Les gens aiment le journal

Voici. Les gens aiment la dernière partie du journal télévisé. Les gens aiment quand la dernière partie du journal télévisé devient la première car c'est trop important. Les gens n'aiment pas longtemps. Les gens n'ont pas de mémoire. Les gens aiment manger. Les gens aiment maigrir. Les gens n'aiment pas les gros. Les gens aiment quand les gros sont drôles. Les gens trouvent les nains connus courageux. Les gens pauvres et les gens riches aiment l'argent. Les gens riches et les gens pauvres n'aiment pas les pauvres. Les gens aiment voyager. Les gens n'aiment pas les étrangers. Les étrangers n'aiment pas les gens. Les gens aiment les chats. Quand les gens demandent aux autres gens « Comment ça va ? », ils n'attendent pas de réponse. Les gens pensent qu'une femme battue l'a cherché. Les gens pensent qu'un enfant né d'un viol est un fils de pute. Les gens aiment qu'il soit écrit en gros Hugo Boss sur leur tee-shirt. Les gens n'aiment pas lire. Les gens ne savent plus que Hugo Boss confectionnait les uniformes nazis. Les gens n'en pensent pas moins. Les gens aiment qu'il ne faille pas vendre la peau de l'ours avant de l'avoir tué. Les gens n'aiment pas qu'on les avait prévenus. Les gens aiment *Télé 7 Jours*. Les gens n'aiment pas les homosexuels. Les gens lisent

112

leur horoscope. Les gens n'aiment pas les jeunes. Les gens aiment leur téléphone portable. Les gens ne m'aiment pas. Les gens sont toujours fatigués. Les gens n'aiment pas les morts. Les gens n'aiment pas mourir. Les gens meurent.

Je voudrais te montrer les carreaux noirs.
Ce n'est pas très loin. En chemin nous pourrons nous tenir par la main. Tu aimerais que je
t'embrasse ? Avec la langue ? Je ne savais pas
faire l'amour quand nous nous sommes
connus. Je n'avais pas tenu beaucoup de filles
et mes bras étaient maigres. Je sais que tu n'es
pas venue pour rien ce soir. Il y a quelque
chose. On ne disparaît pas douze années
comme ça. Dis-moi. Raconte-moi. Tu voulais
que je t'embrasse ? Que je te dise bonsoir ? As-
tu au moins quitté ce monde ? Et sinon, où te
cachais-tu ? Avec qui ? J'ai des images de ton
errance. Elles me font mal. Je n'ose pas y penser. Tu veux boire un verre ? Tu veux que je te
porte ? Regarde des fenêtres sont encore allu-
mées dans les immeubles. D'autres visites.
Pourquoi avons-nous abandonné cette partie

de la vie que nous appelons la nuit ? Je ne me suis jamais rendormi après t'avoir rêvée. Je suivais encore ta trace. La fumée mauve qui planait dans la chambre.

Ce n'est pas la mort des gens qui nous fait tant de peine, c'est la partie de nous qu'ils emportent en mourant.

Parfois je pleurais. Avant. Et puis je te remerciais de m'avoir offert la mort. Quel plus beau cadeau peut-on faire après l'amour ? La nuit je pense aux gens que j'aime. Je m'inquiète pour eux. Je pense à notre fils, à ma fille, à A., à D., à M., à R., à L., à E., à eux. Je pense que rien au monde n'est grave. Ni ta disparition, ni celle de l'humanité tout entière. Et la minute d'après, je suis pris de panique en imaginant mon découvert bancaire que je n'ai aucun espoir de couvrir dans l'immédiat, ou la colère me prend en revisitant mentalement l'horrible critique que m'avait faite un salaud sur l'un de mes films des années auparavant. Et je pense à ma propre disparition. Et j'imagine notre fils vagabond sur des routes grises. Je dois prendre soin de moi. Je me lève et je fais des pompes. Et le lendemain je souffre et je bois. Tu m'as dédoublé tu comprends. Voilà ce que vous avez fait.

Regarde, les gens s'écartent à notre passage. Ils me considèrent et croient en toi.

Mon ami R. vit un peu plus haut. Je l'ai connu quelques années après ta mort. Il n'est rattaché en rien à toi. Il a fallu du temps pour nettoyer mes rapports. Rencontrer de nouvelles personnes. Que l'amitié me tombe dessus. R. savait qui tu étais. Où te trouver dans ma vie. Dans les yeux de notre fils. Mais jamais il n'en a parlé. J'évoquais ton prénom parfois, il restait attentif mais au bord du terrain, derrière la grille rouillée. Il se comportait en avenir. Et tel est notre lien encore aujourd'hui, être pour demain. Je ne veux pas qu'il te voie. Je le garde.

Remontons cette rue, les magasins de guitares sont fermés, les instruments en vitrine ont l'air triste, ils ressemblent à des animaux qu'il faudrait adopter.

Tu vois cette porte d'immeuble ? Avant, il y avait une femme devant. Elle restait là la journée entière. Elle commençait tôt le matin. Vers huit heures. Jusqu'à dix heures du soir. Lorsque je l'ai connue, elle devait déjà avoir cinquante ans. J'en avais dix-sept. J'ai su son nom après avoir couché avec elle. Pauline. Mais les gens d'ici l'appelaient Linette. Je ne suis pas monté le premier jour avec elle. Il en a fallu beaucoup. Je l'ai remarquée par hasard.

Enfin, pas vraiment. On disait qu'il y avait des filles à Pigalle et d'autres, faubourg Saint-Denis. J'avais usé chaque trottoir des deux quartiers, avant de découvrir Linette. Je venais en sortant de mon travail d'apprenti. Je restais autour à faire semblant de regarder les vitrines de guitares que je ne pouvais m'offrir. À d'autres moments, je faisais des sortes de passages devant Linette. Quatre ou cinq passages. J'aurais pu en faire davantage, car elle ne regardait jamais les hommes dans les yeux. Elle restait debout, appuyée contre la porte à fumer des cigarettes. Linette était grande, blonde, mince, habillée en noir, avec de longues bottes qui moulaient ses jambes jusqu'au milieu de ses cuisses. J'ai répété mille fois ce que je lui dirais. J'avais peur qu'elle me refuse. Oh mon Dieu comme j'avais peur. Par chance, un ami de ma cité m'avait mis en garde :

— Si tu couches pas avec une fille avant l'âge de dix-huit ans, il y a une chance sur deux que tu deviennes débile… Les types que tu croises en fauteuil roulant, qui se tordent les bras, les jambes et la tête, sont comme ça parce qu'ils ont pas baisé.

Alors au début de l'été 91, quelques jours avant mon anniversaire, et pour éviter de devenir handicapé, je suis allé demander à Linette.

Je ne sais plus ce que j'ai bafouillé, mais je me souviens de son regard tendre et de sa réponse :

— Viens.

Nous sommes montés à pied jusqu'au sixième étage et une chambre de bonne qui sentait l'épice et qui piquait les yeux.

Je suis retourné la voir souvent. Et à la place j'aurais pu me payer une guitare, des cours et louer le Zénith. Mais je préférais coucher avec Linette. Et puis, j'aimais que nous parlions un peu après.

Je sus qu'elle vivait avec sa mère qui était très vieille.

Qu'elle voulait gagner assez d'argent pour s'installer dans le sud de la France.

Qu'elle aimait les chiens et qu'elle en possédait un, mais qu'elle ne l'emmenait pas au travail avec elle, car le chien était jaloux.

Qu'elle me trouvait beau et que j'étais son type d'homme.

Après t'avoir connue, il m'arrivait encore de faire des détours pour passer devant Linette. Elle n'était pas toujours là. J'espérais qu'elle soit là-haut avec un homme. Je redoutais qu'elle disparaisse.

Je n'avais pas connu d'amour avant toi.

Juste Linette.

Alors parfois, j'y pensais.

Quelque temps après ta mort, j'ai pris la grande décision de m'offrir une guitare. Je suis allé où je connaissais : le magasin en face de la porte de Linette. J'y suis allé avec notre fils. Linette était là, parfaitement à sa place, cigarette, cuissardes et regard lointain. Les années qui étaient passées ne se voyaient pas sur elle. J'ai acheté un modèle assez cher et sophistiqué que le vendeur m'a refourgué comme on le fait au vieux débutant qui cherche à rattraper un morceau de son adolescence. Je regardais Linette à travers la vitrine.

En sortant, j'allais ouvrir le coffre de ma voiture que j'avais garée en double file en face du magasin et de Linette de l'autre côté de la rue.

Alors que j'y déposais la guitare, notre fils, sans raison, ou pour se défouler après avoir été enfermé, s'est mis à courir au milieu de la rue.

Une voiture est arrivée au même moment, prête à le percuter.

Linette a poussé un cri qui m'a fait relever la tête vers l'horreur, puis elle s'est jetée en avant, en attrapant notre fils, évitant de quelques centimètres le pare-chocs et l'accident.

Elle a semblé s'envoler, notre fils dans ses bras.

Suspendue par des câbles invisibles, et atterrissant en douceur pour venir me le déposer.

Elle m'a disputé.

Je lui ai proposé de prendre un café.

Nous sommes restés vingt minutes ensemble dans la salle du *Sans souci*, à l'angle de la rue Fontaine et de la rue Pigalle.

Elle m'a raconté ce que je savais déjà : qu'elle vivait avec sa mère et qu'elle aimait les chiens.

Elle a parlé avec notre fils qu'elle avait sauvé.

Elle n'a jamais su ce qu'elle était pour moi.

En partant, notre fils l'a embrassée sur la joue, puis naturellement, j'ai fait pareil, et j'ai retrouvé un instant cette odeur d'épice piquante.

Je ne l'ai plus revue.

Tu la connais ?

C'est ici chez A. Elle ne m'en voudra pas de la réveiller. Elle sera heureuse de te connaître. Elle ne te verra peut-être pas, mais elle te croira. Laisse-moi arranger un peu ta robe. Il faut que l'on soit beau. C'est ici, au rez-de-chaussée, derrière les grandes vitres. J'ai traîné ici les nuits. Carreaux noirs. Et dans mon reflet sombre, je veillais ma fille endormie. Celle que m'a donnée A. comme on réanime un noyé.

Que la vie est jolie quand on en a plusieurs.

Je t'invite à entrer, mais essuie-toi les pieds.

Je frappe doucement. Je sais le sommeil des deux endormies derrière la porte. Je peux maîtriser le volume pour en réveiller une et garder l'autre dans son rêve.

— Qui est-ce ?

— Samuel.

— Attends, j'ouvre…

Les cœurs battent fort quand les vies s'entremêlent.

— Bonsoir Samuel.

— Bonsoir… Je te réveille, mais c'est important. Marie est avec moi… Elle est venue dans ma chambre cette nuit… Elle était assise au pied de mon lit… Nous sommes sortis nous promener. Je voulais qu'elle te connaisse… Tu veux bien ?

— Oui.

— Tu la vois ?

— Je crois… Elle est belle.

— Je n'ai pas d'autres fleurs à t'offrir que celles sur la tête de cette femme.

— Entrez, je suis heureuse.

Suis-moi, ce n'est pas chez moi mais j'y suis comme. L'odeur de cette maison, de ma fille, de sa mère, est aussi pure que l'eau profonde. C'est un pays vierge qui n'a connu ni guerre, ni mensonge.

— Vous voulez boire quelque chose ?

— Nous avons apporté cette bouteille de vin.

— Je vais l'ouvrir.

Je me sens seul. Ici, entre vous. Je ne sais plus qui est vivant. Tes yeux sont mauves. Le sont-ils vraiment ? Est-ce toi ou moi ? Où sont les couleurs ? C'est ici que je parle le moins. J'écoute A. et cela me rend heureux. Nous avons gardé la pudeur. Ou peut-être nous sommes-nous séparés pour la retrouver. Elle me connaît bien. Elle connaît notre fils. Mieux que toi. Elle l'a élevé longtemps. Lui a donné tout sans ne rien vouloir. Elle l'a lavé, nourri, gâté, disputé, câliné, endormi, réveillé, encouragé. Elle lui a parlé de toi. Accroché ta photo au-dessus de son lit. Elle t'a cherchée. T'a comprise. Calmé ma colère. Elle a reçu nos vies avec notre morte. Elle m'a redonné du courage, de la fierté, du poids, des rêves où tu n'étais pas.

— Buvons !

— A., je crois que les morts ne boivent pas vraiment.

— C'est peut-être déjà une ivresse tout cela.

— Notre fille dort ?

— Oui, depuis longtemps.

— J'aimerais peser ses rêves.

— Pourquoi Marie est-elle venue te voir aujourd'hui ?

— Je ne sais pas trop… C'est sûrement sa dernière nuit.

125

— Où ira-t-elle ?

— Derrière le ciel peut-être…

— Dans les rêves.

— C'était bien de ne pas savoir que la Terre est ronde.

— Je vais mettre de la musique.

J'ai été mieux quand je vous confondais dans mes rêves. La voix de A. s'est synchronisée sur la tienne. Il y avait son regard dans ton visage. J'accouchais des vivants. Tu n'es plus venue. D'autres histoires. Un jour, A. m'a dit que je prononçais ton nom la nuit. Presque toutes les nuits.

Devient-on le mal que l'on porte ?

Ses premières années, ma fille a pensé que sa mère était aussi celle de notre fils. Même s'il ne l'appelait pas maman, elle n'imaginait pas que cela pouvait être autrement. Elle a tenté d'appeler sa mère, une ou deux fois par son prénom. On lui a dit de ne pas le faire. Elle a compris que notre fils avait sa propre mère, différente de la sienne. Elle a appris que j'avais aimé avant. On lui a expliqué que l'autre femme était morte. Elle avait cinq ans, le même âge que notre fils lorsqu'il avait appris lui-même ta mort. De la même manière, nous lui avons caché la façon dont tu avais disparu. Certaines hontes ne s'apaisent pas. Ma fille n'a rien dit pendant longtemps, comme les enfants savent le faire. Et puis elle a réclamé elle aussi un portrait de toi au-dessus de son lit. Elle regardait souvent un album de tes photos. Elle a commencé à aller mal. À poser des questions. Pourquoi ? Comment ? Où se trouvait notre fils ? À quel point avait-il souffert ? Pouvait-elle aller sur ta tombe ? En parler aux gens ? Ma petite fille se brûlait pour la première fois sur cette terre, pour une mort étrangère, pour des coups portés quand elle n'existait pas. Je le savais. Tu avais beau disparaître un moment des rêves, tu restais là, endormie quelque part dans la chambre, cachée sous le lit, rangée sur l'étagère. Les coups que l'on porte ne durent pas que l'instant de l'impact. Non. Ils voyagent pour toujours, ils deviennent la pensée, le souffle, l'avenir. La mémoire est au présent. Les coups que tu as reçus dans une chambre lointaine la nuit du 23 juillet 2003 sont entrés dans la chambre de ma fille de cinq ans, dix ans plus tard.

Cela ressemble à cette Terre.

Sangs invisibles sur les murs de pierre. Cris perdus aux vents. Drapeaux de peaux. L'amour nous offre des deuils. Les petits cœurs s'en emparent pour partager les douleurs. Est-ce l'imagination qui s'évapore, ou les mauvais rêves d'hier envahissent les âmes ? T'ai-je dit que le monde a continué de s'effondrer après toi ? Voulons-nous disparaître pour mieux recommencer ? Je voudrais désapprendre. Ne plus te savoir parfois. Échangerais-je notre amour et ce qu'il a produit contre une mémoire vierge ? Propre ? Non, bien sûr. Mais parce que je suis le programme de désintégration du monde. Je n'en suis qu'un boulon. Mais bien actif. N'arrêtant jamais de tourner sur lui-même. Ressembler à la société qui n'a cessé de nous faire mal et de nous détruire. À l'amour qui nous a trahis. À l'amour du courage qu'on nous apprend dans la peur. Je tourne depuis si longtemps que je ne vomis plus. Et à ton malheur, je tourne encore plus vite. Des billes dans une centrifugeuse, voilà bien ce que nous sommes.

— Je voudrais que l'on danse… Tous les trois… J'aime cette musique…

Qu'as-tu raté ? Des tsunamis. Des fuites nucléaires. Des guerres. Des bombes qui explosent ailleurs et ici. D'autres femmes qui meurent. Je n'ai pas même une coupe à t'offrir. Nous n'avons rien appris finalement. Juste à continuer à tourner à la bonne vitesse.

— Je vous sens toutes les deux dans mes bras… Quelle est cette musique ?

— C'est la radio… Bach, je crois.

— Nous allons partir, il ne reste plus beaucoup d'heures de nuit.

— Attends, je vous raccompagne.

— Embrasse ma fille quand elle se réveille.

— Tu feras attention jusqu'à demain ?

— Oui.

— Viens déjeuner avec nous.

— D'accord.

— Nous pourrons aller lui acheter un nouveau manteau pour l'hiver, le sien est trop petit.

— Oui, j'ai envie.

— Au revoir Marie.

— Elle t'embrasse sur la bouche, tu sens ?

— Oui… Mais ce n'est pas la première fois.

Reprenons ces routes où il m'avait semblé te sentir une nuit.

J'ai de la joie maintenant.

Marcher c'est prier.

C'est la seule chose que je sais faire. Et tous mes âges s'accordent au même pas. Marcher en étant heureux. Je ne veux pas me promener. Je ne veux pas me rendre.

Je ne cherche qu'à me perdre.

Je ne peux plus ici. Sauf quand la grâce électrifiée m'envahit. Je me perds dans ma rue.

Je me suis perdu dans la ville pétrifiée de ton pays froid. Là où l'on jugeait ta mort. J'écoutais les fausses paroles, les fausses larmes, les fausses révoltes. L'interprète payée pour pleurer après avoir traduit chaque phrase déjà trempée de morve. Les regards navrants des avocats, de chez nous, de chez eux. Des années après, je croisai par hasard, dans une rue, l'avocat de la partie adverse. Il me sourit, je lui dis *Crève*. Il se suicida quelques mois plus tard. J'ai mal au cul sur ce banc, j'étouffe et la nausée ne me quitte jamais. Je ne peux pas partir. Je dois parler. Moi aussi je vais devoir me lever et m'installer derrière cette barre. Je suis un témoin. Parce que celui qui t'a tuée m'a téléphoné dans la nuit. En plus de t'avoir perdue, j'ai droit à ce privilège. Je n'ai pas la même colère que les autres. La mienne est différente. Ni plus grande, ni plus pauvre. J'ai l'impression qu'ils ont raccroché leur colère à la justice. Comme deux instruments s'accordent pour s'aider à achever la mélodie triste. Je ne connais pas la femme dont on parle ici. Je regarde l'homme dans son bocal, je voudrais qu'il me regarde aussi. Il ne le fera jamais. K., son ex-femme, va parler. Le soutenir. Dire le contraire de ce qu'elle m'a raconté ce matin-là au téléphone. Je la comprends. Et puis je l'aime bien. Comme ça. Le fond de son regard est bon. Les années de prison sont la récompense pour laquelle on se bat. Le moins possible pour les uns, le plus pour les autres. Je n'ai pas d'avis. Si je le disais maintenant, on m'en voudrait.

Le soir, je retrouve ma chambre d'hôtel et je ne rêve que de départs. Retrouver notre fils. Je ne pense qu'à lui. Je regarde l'heure pour me raccrocher à ses journées. Le réveil. L'école. Le déjeuner. J'espère qu'il mange bien. Que le plat qu'on lui propose à la cantine le rend heureux. Pourvu que ça ne soit pas cette saloperie de poisson.

Je sors. Une fête foraine. Je tire à la carabine. Je gagne une montre calculatrice qui a une fonction télécommande de télévision. Je passe une partie de la nuit à comprendre le mode d'emploi et à m'exercer sur la télévision de la chambre. Je peux monter ou baisser le son, changer de chaîne ou éteindre et allumer. Il suffit que j'entre un code en fonction de la marque du poste. J'aime la montre. Plus tard je bois des verres dans un pub. Des jeunes sont entassés un peu partout. Au bar, autour des tables dans la salle. La plupart boivent des pintes de bière. Les garçons ont tous l'air de militaires en permission. Plusieurs télés sont accrochées aux murs et diffusent des matchs de basket ou des clips vidéo. J'en choisis une devant moi au-dessus du bar, une Philips, j'entre le code dans la montre. J'éteins la télévision au moment où un joueur lance la balle dans le filet. Quelques jeunes gueulent leur surprise et appellent le serveur. Il monte sur une chaise et rallume le poste. Le match a continué. J'attends qu'il descende de sa chaise et j'éteins le poste à nouveau. Ça gueule encore plus. Il rallume. J'éteins. Rallume encore. Je monte le son, plus fort que le brouhaha général. C'est un esprit. Comme toi.

Le lendemain, au tribunal, ça parle des coups. Quels coups ? De quelle sorte ? Combien ? L'homme derrière le bocal doit répondre. Il montre avec sa main. Gifle mollement l'air. On parle de ses bagues qu'il n'a presque plus. Deux gifles ? Quatre ? Deux, mais aller-retour. Ça fait quatre. On diffuse des images de toi. Ton visage cassé. J'aimerais me servir de ma montre pour te cacher. Mais tu n'es pas qu'à moi, ici. Et c'est ce qu'il y a de plus dur. Tu appartiens à tout le monde d'une façon ou d'une autre. Je suis celui avec lequel tu as vécu le plus longtemps. Qui peut encore inventer ton odeur. Qui reconnaît ta peau dans celle de notre fils, mais je dois te partager, et le faire même avec cette femme que je ne connais pas et qui me regarde avec mépris. Elle ne me quitte pas des yeux. Elle bouge la tête et soupire dès que je tombe sur elle. C'est une amie de l'autre. Quelques mois plus tard, j'irai faire une émission de radio près de la Bastille. J'irai avec notre fils, comme j'aime qu'il soit toujours là. Je tomberai sur cette femme qui accompagne un artiste. Nous serons face à face sur des canapés en attendant notre tour d'antenne. Elle n'osera pas lever les yeux une seconde sur nous. Mon petit bouclier assis à mes côtés lui ôtera toute envie. Nous deviendrons désarmants. D'autres de ses amis ont des regards doux. Nous partageons silencieusement le gâchis. D'autres sont hystériques. Le frère de celui qui t'a tuée bouge dans tous les sens, il prend des notes, fait des photos, pour un livre qu'il prépare déjà, des émissions de télévision, son excitation est malsaine, je le regarde et des mots étranges me traversent : épanouissement, professionnel, revanche. Je ne sais plus. C'est un hall de peine, de colère et de monstres. Les juges de ce pays veulent montrer qu'ils sont capables de justice et d'équité. La presse pose inlassablement les mêmes questions, elle guette la moindre faille, que l'un d'entre nous laisse exploser sa haine, frappe de toutes ses forces la vitre épaisse du bocal, crache au visage d'un témoin. Je me suspends. M'applique sur la lumière, quelques particules de poussière. J'étouffe de chaleur mais il n'est pas question que je me déshabille. Je garde les couches épaisses de maillots, pulls et blouson. C'est peut-être nous qui sommes morts. Triste infini. Les gens sont les mêmes. Leurs voix, leurs paroles aussi. Que l'on soit d'un côté où de l'autre de cet entrepôt de souffrance, la justice nous a abandonnés. Que l'on t'accable ou que l'on te défende. Ce n'est plus de toi dont on parle. Étais-tu ivre ? Droguée ? Agressive ? Violente ? Jalouse ? On répond. Oui. Très. C'est elle qui a commencé. Ou alors. Non. Jamais. Impossible. Mais je sais, oui je sais. Tu aimais. Et si l'on tuait tous ceux comme toi, le monde serait alors peuplé de petits cœurs gris. Corps tremblants. Se rassurant sur leur bon état de marche et de peur. Incapables de reconnaître leur faiblesse face à toi. On dit de ton crime : passionnel. Prémédité. Involontaire. C'est pourtant de ta liberté dont il s'agit. Et je sais comme l'homme la craint. Même s'il la décrit, la chante, la rêve. Il n'est plus rien en face d'elle. Le contraire de la liberté n'est pas l'enfermement, c'est la violence, toujours la violence physique à la fin. J'aime comme tu aimes. Et si tu ne vis plus, c'est moins d'amour sur cette terre. Quel gâchis.

Mais tu n'es pas complètement partie, n'est-ce pas ? Je te sens encore.

Et au milieu de la boue, le miracle se produit : j'ai envie de faire l'amour. C'est venu de la terre, sous mes pieds, sous le banc dur et froid. Dans l'heure figée et la lumière perdue. Je veux rencontrer une fille de ce pays et la trouver magnifique, et qu'elle me trouve beau aussi, et que nos regards nous étonnent, et que nos peaux nous quittent. Je ne peux pas être ici pour autre chose que ça. Ou pas entièrement.

Non, c'est impossible. Et puis, faire l'amour, c'est nous. Et je voudrais que tu me suives sur les routes de terre et planes au-dessus de mon désir. Je te dois bien d'être heureux. Viens. Je me lève. Je ne manquerai pas à la colère. Il y en a toujours assez. Et la pudeur serait de la laisser à nos rêves. Viens. Les murs de pierre se rappelleront notre courage. J'aimerais que notre fils comprenne ce qui m'arrive. Je lui raconterai. L'idée de l'amour et des regards fragiles nous sauvent et nous détruisent. Celui que l'on porte, celui qu'on nous donne. Mais nous avons toujours le droit de baisser les yeux pour fuir. Viens.

Dans un taxi, je franchis la ville. La banlieue me rassure, elle n'est pas plus jolie ici, mais peut-être moins injuste que chez nous où la ville est belle. Il y a des cafés, un square, des universités, des terrains de sport déserts. Des hommes assis sur des marches et des bancs qui ne se parlent pas. Des femmes marchent vite, en tenant des sacs de courses ou des enfants frileux. Une femme seule entre dans une boulangerie, j'y vais aussi. Elle parle avec la vendeuse dans cette langue que je ne comprends pas. La vendeuse est jeune et je peux la trouver jolie. Elle doit s'arranger certains soirs. Lâcher ses cheveux et maquiller ses lèvres. Les deux femmes se connaissent, elles parlent et sourient. Je veux être capable de trouver la joie dans leur joie. La cliente s'en va et c'est à mon tour. Ça gratte le cœur. Je montre du doigt une sorte de petit pain fourré d'une confiture noire et saupoudré de sucre glace. Je dis un mot étrange pour le désigner. Un mot qui n'existe pas en français, en anglais ni en aucune langue connue. C'est peut-être le début du vocabulaire privé de la vendeuse et moi. Et nous emploierons toutes sortes de mots étranges pour nous aimer. *Zpwarou. Strafgt. Variliaze.* Je n'ai plus assez d'argent pour payer. Le taxi m'a dévalisé. Je montre ma carte bancaire. La vendeuse me fait des signes en disant des mots de notre langue que je comprends. Il y a un distributeur dans le coin. Il n'est pas très loin mais il faut quand même connaître pour le trouver. Elle va m'accompagner. Je la regarde traverser la petite boutique derrière le comptoir réfrigéré et prendre son manteau au passage. Nous sortons, elle se penche pour fermer la porte vitrée. C'est par là, me dit-elle. Nous marchons l'un à côté de l'autre sur le trottoir près de la route de terre. Les hommes sur les marches des immeubles nous regardent passer. Ils la connaissent, c'est sûr. Mais lui, qui est-il ? Et comme tous les étrangers, je ne suis pas certain de pouvoir leur répondre. Et le mensonge est si tentant. Je suis tout ce que je ne suis pas. En repérages pour un film d'espionnage. À la recherche du guide spirituel qui nous sauvera, il est ici, dans ce quartier, c'est certain. Nous traversons une place. Grande, vide et plate. Cela ressemble à un lac. La rouille des voitures abandonnées est le souvenir de la couleur. J'oublie où nous allons. Ce que sont les villes et les corps. Régulièrement la femme fait un geste accompagné d'un mot de notre langue. Je lui souris. Nous serons toujours comme ça. Protégés par l'oubli. Cette histoire a suffisamment de début pour que je puisse la finir seul. Je la raconterai à mon retour. C'était presque de l'amour. Impossible, oui, mais vraiment très beau. Je retire de l'argent et nous repartons. Elle me demande d'où je viens. Ce que je suis. D'ailleurs. Un voyageur. Sans attache, ni passé. Et demain je m'enfoncerai encore un peu vers l'infini. Jusqu'à l'invisible et qu'un cœur m'arrête. Peut-être ici. Il me reste ma vie à faire. Je n'ai pas l'impression de mentir.

Je marche longtemps. J'ai mis le petit pain saupoudré de poudre dans la poche de mon blouson. Plus tard je le mangerai. Le soir est tombé. Je demande mon chemin pour retrouver la ville. Ce n'est pas à côté. Des bras se tendent et les voix s'excitent. *Vous êtes pas arrivé… C'est très loin… par ici…* Je me moque du temps qu'il faudra. Je veux continuer et que la route soit longue.

Pour chercher l'invisible.

Il faut la vie pour le trouver. Et la nuit. Des langues étrangères. D'autres foules. S'asseoir dans le jardin d'une maison anonyme. Courir en priant. Vastes champs. Courir en regardant le ciel. Quitter la religion du père. Manger les épines. Garder les racines. Plus de peur. Plus de peur du mal. Être le mal. Collectionner la nature. Suivre les parfums. Que le jour me manque. Plus que toi. N'être que réveil. Aimer celui qui aime. S'offrir. Considérer l'inachèvement de tout. Se mettre à hauteur de l'herbe coupée. Et pousser, pousser, pousser. Inventer tes pas. M'y accorder. Éviter les tunnels. Choisir les ponts. Colère contre la colère. Être en location. Libre de droit. N'assister qu'à soi-même. Couper les cordes. Et voler, voler, voler. Offrir le pain saupoudré de poudre.

C'est ici. C'est ici aussi que nous avons vécu avec notre fils. Près du grand parc. Avant de connaître A. J'aimais notre appartement, nos deux chambres face à face, la petite salle de bains au milieu, la petite cuisine à l'entrée. Chaque matin je l'emmenais à l'école. Et tous les jours, à 16 h 20, j'allais le chercher. Nous allions au parc et, quand il faisait trop froid ou pleuvait, prendre un goûter dans un café. Nous avions changé les noms de la plupart des gens, des rues, des magasins. Le rêve de notre fils était d'aller à l'école tout seul. Je lui ai promis qu'il pourrait le faire un jour, peut-être vers l'âge de dix ans. En attendant, nous répétions le moment où ça arriverait. En quittant l'appartement, je le laissais prendre de l'avance, un étage plus bas, puis je descendais à mon tour. Dans la rue, je le suivais à une vingtaine de mètres. Il n'y avait qu'une avenue à traverser pour rejoindre l'école. Je lui avais bien sûr appris à regarder à gauche et à droite avant de le faire. Et comme il me savait dans son dos, il exagérait la précaution, tournant dix fois de suite la tête dans les deux sens en tirant au maximum sur sa colonne vertébrale et ressemblant à un petit être possédé.

Dans son cartable, il m'est arrivé de trouver des mots d'autres garçons de sa classe. Ils se moquaient de ta mort. Ils disaient que c'était bien fait. Qu'ils t'avaient vue nue dans des films. Que tu étais une salope. J'en ai parlé avec lui. Il m'a dit que ce n'était pas grave. Qu'il s'en foutait. Qu'il aimait une fille. J'en ai parlé aux maîtresses. Sympathisais en me forçant avec des parents d'élèves. Leur en parlais. J'ai invité la classe entière pour son anniversaire. J'étais un clown. Dans l'année, il y a eu une épidémie de poux. Une note dans le carnet de correspondance nous le signalait. Plus tard, j'ai trouvé un mot qui disait que si notre fils avait des poux c'était parce que tu étais morte. J'en ai parlé avec lui. Pour la première fois, il m'a raconté qu'un des garçons de sa classe lui faisait du mal. Il se moquait tous les jours de lui. Cela m'a détruit. Le lendemain, j'ai demandé à voir les parents, ils

142

m'ont invité chez eux. C'était un appartement à quelques rues du nôtre. On a pris une sorte d'apéritif et je leur ai parlé de mon problème. Ils ne trouvaient pas cela si grave. Surtout le père. Pour lui, c'étaient des enfants et il valait mieux les laisser régler leurs comptes entre eux. Pour moi, les enfants étaient chargés de la pensée de leurs parents, et leurs comportements résultaient beaucoup de ce qu'ils vivaient chez eux. Cet enfant ne pouvait pas savoir qui tu étais. Quel était ton métier. Comment tu étais morte. Je leur ai demandé de veiller à la tranquillité de mon fils en apaisant le leur. Le père s'est agacé, il s'est levé et m'a dit qu'il n'avait aucune leçon à recevoir de gens comme nous, et de penser plutôt à préparer mon fils à l'avenir car avec ce qu'il avait vécu, il n'était pas à l'abri d'insultes et de moqueries. Je crois que l'homme était ivre. Je l'étais un peu aussi. Je me suis levé et lui ai envoyé un coup de poing au visage. L'homme s'est écroulé contre la table basse comme dans un film et je suis parti.

Une plainte a été déposée contre moi. J'ai dû aller au commissariat. Je me suis expliqué avec deux flics qui étaient bienveillants et plutôt de mon côté. Finalement, la plainte a été retirée à condition que je paie des frais chirurgicaux pour une fracture du nez. Un arrangement à l'amiable. La violence par la violence. Être la société dans la société. Faire semblant. Et cogner comme on cogne s'il le faut. Notre fils n'a plus été embêté (je remarque que jamais aucune fille ne s'est moquée de lui ou de toi). À la sortie des classes, je voyais au loin l'homme avec son plâtre sur le visage. Je lui souriais. Mais il avait raison. Je ne protégerais jamais mon fils entièrement. Et pour qu'il puisse se défendre sans moi, il devait savoir. Il était temps.

Je devais lui dire comment tu étais morte.

Je ne voulais pas gâcher un autre territoire. Nous étions bien ici. Je décidai de l'emmener se promener un samedi. Nous marchâmes longtemps, jusqu'à notre ancienne maison, près de l'immeuble et du jardin où je lui avais annoncé ta mort. Le terrain était miné, foutu, infertile. Nous pouvions l'abîmer davantage. Nous-mêmes y avions laissé le plus gros tas de fumier. Il restait des cendres et la même odeur poisseuse de l'été.

Mais la vie avait repris. Oubliant notre malheur. D'autres enfants glissaient à vélo sur notre pelouse grise. Le ciel avait changé de couleur. Un artisan était devenu un restaurant à la mode. Les bancs avaient été remplacés, le bois devenu plastique.

Et si certaines terres sont perdues à jamais, il est bon parfois d'en reconquérir.

Nous partons à la mer. Au hasard. Sur une plage de galets que nous ne connaissons pas. Avec toi c'était le sable. J'achète pour rien un seau et une pelle. Notre château devient une ville de pierres. Je trouve une sorte de rocher sur lequel peut reposer notre construction. Puis nous passons une partie de l'après-midi à sélectionner tout un tas de cailloux et galets que nous plaçons en équilibre les uns sur les autres. Je lui parle au milieu de nos fouilles. Tu ne t'es pas cognée contre une table de nuit. On ne meurt pas de ça, presque pas. Il t'en faut plus. Je lui raconte votre dispute. Et les coups qui t'ont été portés par celui que tu aimais, et qui t'aimait aussi soi-disant. Notre fils m'écoute, sans peur, sans panique et sans colère. Il continue à manipuler les pierres. Précieuses découvertes. Les choses semblent défiler à l'intérieur de ses yeux. Il pose des questions simples. Pas tellement pour savoir, mais par politesse. Participer au drame ou le partager un peu. C'est ce qu'on a fait. Toute notre vie après toi. Nous avons partagé la douleur. Sans règles ni paroles. Comme une pente que l'on gravirait à deux en se portant l'un et l'autre à tour de rôle. La douleur n'est pas moins forte, même plus violente, mais elle dure moins longtemps. Souffrir en portant son amour, c'est déjà moins souffrir. Nous continuons notre œuvre face à la mer, et décidons que l'avenue principale portera ton nom. Et puis notre fils décide qu'elle portera le mien.

Plus tard, il me dit qu'il savait que tu avais été tuée par cet homme. On le lui avait dit à l'école, mais même avant il savait. Il l'a toujours su.

Nous trouvons une chambre d'hôtel puis un restaurant pour dîner. Nous voulons rester la journée du lendemain qui promet d'être belle.

Il me demande ce qui est arrivé à celui qui t'a tuée.

Où est-il ?

En prison.

Pour combien de temps ?

Huit ans.

Et après ?

C'est ce qui l'inquiète. Comment va-t-on vivre après ? Et si nous le croisons ? S'il se retrouve face à lui un jour ? Des milliers de phrases qui me traversent, l'une me marque. C'est lui qui l'avait prononcée en recevant un prix. À l'encontre du P-DG de sa maison de disques : « Et si nous sommes tous embarqués sur la même planète, on n'est décidément pas du même monde. » Ce P-DG qui partagera le même avocat pour le défendre. Cette maison de disques qui le soutiendra financièrement. Je pourrais répéter cette phrase à notre fils. Le monde est vaste, mon grand. Ce jour-là, je ne pourrai pas empêcher ton cœur de battre plus vite. Mais je t'espère si beau, si fort. Honnête et intact de pureté. Capable d'un souffle pour te tranquilliser. Exorcisant tes démons dans l'amour et dans les bras de ceux qui t'aiment.

Le lendemain, notre fils se fait une amie sur la plage. Les parents de la petite fille sont installés plus loin sous un parasol. Nous ne sommes pas très bien équipés. Il me demande s'il peut aller jouer sur les rochers avec elle. Le père de la fille les surveillera. Je suis d'accord. Je ferme les yeux au soleil. Un bonheur étrange m'enveloppe. La vie n'ira pas si mal. Je te soupçonne de m'offrir ces moments. Je n'avais pas connu l'éternité. J'entends des cris. Notre fils revient accompagné de la petite fille et de son père. Son visage et son torse sont couverts de sang. Il ne pleure pas. Il s'est ouvert le menton en tombant sur un rocher. Le père est désolé. La petite fille tremblante. Nous trouvons un médecin qui accepte de nous recevoir un dimanche après-midi. Il faut le recoudre. Trois points de suture. Et une piqûre avant. Le médecin est surpris de la vaillance de notre fils. *Tu es courageux comme garçon toi !* Il se laisse faire. Je lui tiens la main et j'ai plus mal que lui. Il se regarde dans le miroir pendant que le médecin remplit une ordonnance. Je crois que ça l'amuse.

Il demande s'il la gardera toute sa vie.

J'ai dû partir en voyage pour une semaine. Notre fils avait six ans. Je n'avais pas envie de le laisser. J'avais peur pour lui. Les rues étaient souvent pleines d'images de toi. Des kiosques, des affiches, des couvertures de magazines, des livres. Accompagnées de mots comme des armes. Mais il fallait que je parte travailler.

J'ai pris l'avion un soir, et je me suis retrouvé assis à côté d'un homme plutôt âgé, calme et distingué. Je buvais beaucoup, il me l'a fait remarquer. Je lui ai raconté ma vie, sans filtre, comme on le fait dans ces moments. Il m'écoutait sans perdre un léger sourire, de complicité et d'attention.

À la fin, il m'a dit :

— Mais votre fils est un super-héros !

— Pardon ?

— Tous les super-héros sont orphelins, j'ai remarqué ça… Batman, Spider-Man, Harry

Potter... Il faut deux traumatismes pour qu'ils développent leurs pouvoirs... Le premier à l'enfance, la perte d'un parent... Le second, plus tard, à l'adolescence.

En arrivant à l'aéroport, je me précipite dans une cabine pour appeler notre fils. Je lui raconte la théorie du super-héros, ça lui plaît beaucoup. Et je crois qu'il part de bonne humeur à l'école ce matin.

Plus tard, lors d'une réunion, la maîtresse ne me remerciera pas d'avoir poussé certains élèves à souhaiter la mort de leurs parents pour ressembler à notre fils.

Parfois je pense à l'autre traumatisme. Celui qui lui donnera le don de lévitation ou d'invisibilité. Est-on plus grand dans les secondes épreuves ? Ou bien le malheur frappe-t-il toujours aussi fort, avec la même fraîcheur ?

Viens Marie, le jour va se lever dans moins de deux heures. Allons dans ce bar de nuit. C'est un pub où j'allais parfois. Prenons encore un verre. Je t'invite. Je boirai le tien de toute façon. Arrêtons les paysages un moment. Et je suis fatigué. Il faudra que tu m'expliques. Pourquoi tu es là. D'accord ? Tu me diras où je dois te raccompagner. Quelle est la porte ?

— Oui, je te dirai, mais raconte-moi encore un peu.

— Alors tu m'embrasses sur la bouche !

— Plus tard, je te promets, raconte-moi encore.

J'ai commencé à recevoir des messages de K. Je ne l'avais pas revue depuis le procès. Je savais qu'elle le soutenait. Elle me demandait des nouvelles. De moi, de notre fils. Des mots toujours tendres. Je ne répondais pratiquement jamais, encore chargé de bêtise et de culpabilité. Mais comme elle n'attendait aucune réponse de ma part, elle continuait. Le temps passant, je lui ai proposé de prendre un verre lorsqu'elle serait à Paris. Je savais qu'elle élevait ses enfants dans le Sud-Ouest, non loin de la prison où était détenu son mari.

Je l'ai retrouvée un soir, ici, dans ce pub.

Je ne crois pas que nous avons parlé de vous.

Juste des enfants. Des siens, un peu. Du nôtre, beaucoup. Elle n'était pas désolée, ou navrée, non, je pense qu'une partie d'elle était détruite, quelque chose ne reviendrait plus. Je ne voulais pas lui raconter ce qu'il nous arrivait de plus triste, alors je lui parlais d'anniversaires qui se préparaient, de voyages à venir. Chaque sourire de notre fils que je pouvais lui décrire en faisait naître un sur son visage. Je ne posais pas de question et je ne cherchais même pas à imaginer sa vie.

Elle m'a raccompagné à mon immeuble, et sur le chemin je me suis aperçu que ses chaussures étaient pareilles et différentes à la fois. Comme inversées. Elle les avait dessinées, et un ami les lui avait confectionnées d'après son modèle. Je les trouvais fascinantes, je me rappelle le lui avoir dit.

Une autre fois, nous avons déjeuné ensemble. Elle n'était à Paris que pour la journée. Je crois qu'elle s'occupait d'un festival de musique. C'était peu de temps avant Noël. Elle est arrivée avec un très gros sac plastique qui contenait un cadeau. C'était pour notre fils. Elle m'a dit de le mettre sous le sapin, et de le rajouter à la liste du Père Noël. Notre fils n'y croyait déjà plus. Elle m'a dit d'inventer n'importe qui. Nous ne parlions pas beaucoup. On aurait pu croire à un premier ou deuxième rendez-vous pudique. Notre drame partait de la même racine mais nos vies étaient différentes. Je me sentais quelque part libre et prêt à renaître. Elle avait été trompée et trahie, enceinte, et devait désormais porter un fardeau avec dignité. Défendre ce qui la révoltait et dont elle avait été victime. J'éprouvais de la honte devant elle. Ma vie n'allait pas si mal. Elle me faisait m'en rendre compte. À un moment, son téléphone a sonné, elle devait répondre. Elle est sortie du pub une vingtaine de minutes. En revenant, elle s'est excusée, c'était lui. Je ne savais pas que l'on pouvait téléphoner de prison. En fait, je ne savais rien. Et je m'en foutais. Elle m'a dit qu'il allait mal. Je lui ai demandé si elle avait réussi à le réconforter. Elle m'a dit que non, et d'ailleurs, elle n'était pas restée tout ce temps au téléphone, juste cinq minutes, et elle avait marché.

Nous avons continué à nous voir.

J'ai aimé A. et j'en ai parlé à K. C'est une des premières personnes à qui je l'ai dit. Ça lui a fait plaisir, je crois. Elle aussi m'a parlé d'un autre homme. Mais je ne sais plus. Je ne voulais pas trop entendre. C'est ça. Je tenais à ce que nous restions des étrangers. Deux paumés bannis et blessés qui se retrouvent en douce du monde. Je n'envoyais jamais de mots, ne répondais pas à toutes les questions, décidais lorsque nous devions nous séparer.

Une fois je lui ai expliqué l'inquiétude qu'avait notre fils de se retrouver face à cet homme. Celui qui avait tué sa mère. Ma confidence était malsaine. Je voulais connaître ses projets. Savoir s'il comptait refaire parler de lui. S'afficher dans les rues. Donner son avis sur telle ou telle chose.

Elle n'en savait rien.

Je lui dis lourdement qu'il avait d'autres moyens de le faire. On pouvait chanter partout. Dans un bar ou au bout du monde.

Après quatre années, il est sorti de prison. J'ai eu tant de mal à le dire à notre fils. Ça y était. Nous étions dans le même monde. Et

Plus loin, plus tard, c'est l'Atlantique. Avec mes enfants, chez mon ami D. Je l'ai connu une année après toi. Il sait les choses. Vite. Il me console d'une morte qu'il n'a pas connue. Il ne sait que ce que je lui raconte. Mais je te représente assez bien, entre l'amour et la colère. Ici, sur un socle, là, dans la terre.

D. est solidaire de l'invisible. Il veut bien boire, ou pleurer, ou chanter.

Notre fils a grandi. Il a quinze ans. Ma fille est entre nous. Sur mes épaules. Accrochée à son dos. Nous lui laissons toute la place. Elle a rempli le vide au bord duquel nous étions. Elle aime les deux garçons étranges qui l'élèvent parfois.

Dans les rues hors saison, nous tombons sur celui qui t'a tuée.

Il fait la couverture d'un magazine. Une ombre noire sur les murs de pierres pâles des maisons de pêcheurs.

Gros plan.

« IL PARLE. »

—Nous ne nous arrêtons pas. Peut-être un regard. Un reniflement d'orphelin.

On sait qu'il doit sortir un nouveau disque. Même si on ne veut rien savoir, on sait tout. Les mots se détachent des pages pleines de presse. L'oreille se tend sur une onde informative au milieu des foules et des bruits. C'est pour bientôt. Des chansons. Un album. D'abord en son nom. Puis sous un nom de groupe. Finalement un groupe mais quand même avec son nom écrit sur la pochette. On n'a jamais vu ça. Je crois qu'ils ne savent pas trop comment s'en sortir. Comment ré-exister ? Comment récupérer l'argent ? Nous savons mais sans en parler. Nous attendons de voir. De quelle façon il réapparaîtra.

Ce fut sans surprise. Ce fut comme avant.

Les mêmes promotions, les mêmes tournées.

Tout est sous-entendu.

Chacun donne son avis. Peut-il encore chanter ? A-t-il le droit ? Une auteure à succès s'agace sur un plateau. Elle prend fort j'avais des amis en banlieue qui avaient pris plus pour avoir revendu du shit. J'ai reçu quelques messages de K. auxquels je n'ai pas répondu, ou vaguement.

Elle s'est tue.

Nous habitons une maison tous ensemble. Notre fils, ma fille et A. J'ai un petit bureau. J'écoute la radio. On annonce la mort de K. par pendaison. Pratiquement au même âge que toi. Je tremble et je pleure. Je descends pour le dire à A. Son visage se ferme. Puis à notre fils qui a grandi. Il s'inquiète de savoir comment iront ses enfants.

Il est à l'âge où dans sa chambre les jouets se confondent. Des restes de peluches, qu'il va bientôt céder à sa sœur. Des bouts de bonshommes, une partie d'un circuit de voiture, le poster d'un film qu'il ne verra plus et, triomphants plus loin, l'ordinateur sur son bureau, des enceintes pour écouter de la musique, l'affiche d'un film ultra-violent, qu'il n'a pas encore vu, mais qui le fascine déjà.

Dans un coin, des morceaux du garage en plastique à moitié défoncé que lui a offert K.

Tu la vois parfois ?

la parole, sa défense. Au nom de la liberté. Parle d'honneur de notre société. Puis de son prochain livre.

Il ne faut rien interdire. On a le droit de chanter. De danser. D'écrire. De compter. De redevenir ce que nous étions. Mais peut-être pas de la même façon. Nous observerons alors l'élégance, l'humilité, la dignité et la discrétion.

Et notre passé aura tant de valeur.

Nos fautes deviendront précises.

Nous déciderons de la forme que prendra notre art. Nous l'emporterons en voyage. Il éclatera de la même manière pour quelques-uns ou pour la Terre entière. Dans cette cabane d'un autre continent, nous serons pour nous-mêmes.

Et si une seule personne peut souffrir de nous voir paraître, nous la protègerons.

Adieu fêtes des mères dans les classes déchirées. Sorties des mamans. Accordons-nous au cœur des petits enfants. Est-ce que la Terre n'est pas une mère ? Et la foule ? Et l'homme ?

Il n'y a qu'à Paris que ce ciel a cette couleur rose. J'ai passé plus de temps que toi sur cette Terre. Et notre différence, c'est que moi, je t'ai perdue. C'est parce que j'ai continué à vivre que je le sais. J'ai voulu être seul souvent pour être avec toi. Il faut bien donner son temps aux amours invisibles. S'en occuper un peu. Encore maintenant je me demande comment tu vas. Ce que tu fais. Je cherche de tes nouvelles. J'invoque la colère pour que tu la calmes. Quelques rires où tu me rejoindrais. Je n'ai pas écouté une chanson sans me demander si elle te plairait. Et le soleil a changé, puisqu'il manque une ombre. Mais je suis heureux. Et c'est à ton absence que je dois de le savoir.

Je finis nos verres à ta santé et nous retrouvons les boulevards. On compte nos pas ? J'aimerais que l'on croise des voyous et qu'ils nous proposent un mauvais coup. Des Sri Lankais fatigués. Une jeune fille sans illusion.

On oubliera. On oubliera qui nous sommes. Que la nuit se termine. Que les voix viennent des corps. Et les corps de la terre. On oubliera nos reflets. Et les vitres. Et l'hiver. On oubliera ce qui est impardonnable. Nos combats. Nos colères. On oubliera aussi nos humeurs puisque le ciel n'est jamais le même. On oubliera nos peaux. Et l'infini dans ton regard. L'horizon. Le matin. La dernière larme. Nos doigts mêlés. L'essoufflement. On oubliera de se venger. On oubliera de s'en vouloir. Les blessures. Et les guerres. La nuit de l'enfantement. On oubliera la peur. Les moqueries. Et la honte. Les voyages. Les décors. Le Sud. Et l'Est. On oubliera nos odeurs. La fierté. Les premières blondeurs. On oubliera la peine.

On ne gardera peut-être qu'un baiser.

matin

Je suis toujours heureux d'une nouvelle journée. C'est ce que j'ai gagné. Et je ne peux remercier que la nuit pour cela.

Nous n'avons pas fini.

Je vais rentrer maintenant. J'ai des choses à faire, tu comprends. Ça m'a fait plaisir de te voir. Et puis, on a eu de la chance, la nuit était bonne. Tu veux que je te dépose quelque part ?

— Oui.

— Où ça ?

— Où tu iras.

Les gens me regardent. Tu as vu ? Ils sont sérieux le matin. Ils ne te voient pas. Nous sommes à contresens. Je suis vraiment fatigué. Des rêves me cherchent. Je dois me coucher. Notre fils a dû partir pour le lycée. Je ne le suis plus, tu sais. J'aime le voir franchir la porte de la maison. Il est si grand. Ce soir nous irons dîner. Puis j'irai sûrement retrouver mon ami R.

Je vais mettre des vêtements propres pour dormir. Je m'allonge et tu t'assois près de moi sur le lit. On fume une dernière cigarette ? Il n'en reste que deux de toute façon. Il faudra que je ferme les yeux combien de temps pour que tu ne sois plus là ?

Je ne peux plus tenir. Je te demande pardon.

au premier rêve
il n'y a rien
si un plateau n'est rien
rien pour dire
pas grand-chose
ligne d'horizon
ce n'est pas grand-chose après tout
l'horizon
surtout pour ceux qui n'y voient pas
de loin
au premier rêve
c'est blanc
blanc de couleur
il y a toujours du rouge
dans le blanc
au premier rêve

c'est l'horizon blanc de pas grand-chose
au deuxième rêve
il y a la voix
grave
des femmes seules
les paroles
courtes
des jeunes filles
silencieuses
et secrètes
surtout pour celles qui croient
en Dieu.
au deuxième rêve
c'est le mot
qui devient
chambre
lit
fenêtre
mer
et les mots sont
liquides
brûlants
verres
au deuxième rêve
la jeune fille
silencieuse
est assise
au bout du lit
devant

la fenêtre
et la mer
au troisième rêve
c'est une saison
et la naissance
de la chaleur
au réveil
tous les hommes
sont
des enfants
qui attendent
leur mère
surtout pour ceux qui n'en ont plus
au troisième rêve
c'est la lumière
dans un sourire
qui transperce
les dents
du bonheur
c'est le monde
définitif
inondés
les hommes
surtout celui venu des pluies
au troisième rêve
l'enfant s'éveille
dans un rayon
de porcelaine
au quatrième rêve

c'est le dialogue
d'un film
retrouvé
l'homme parlera
toujours
en premier
il dira
« Pourquoi n'es-tu pas venue avant ?
— Tu n'étais pas libre.
— Mais je t'attendais
je t'attends
toujours
je suis devenu
croyant
lorsque tu es morte
Marie. »
elle dira
« Ils sont beaux
ils sont beaux tes enfants. »
au quatrième rêve
il y aura l'habit
la robe
indienne
velours vert
couvrant
la morte
et l'enfant
dans son ventre
il dira

« Tu es enceinte ?
— Je suis toujours
enceinte
vivantes ou mortes
les femmes
sont enceintes. »

Cet ouvrage a été composé par IGS-CP
à L'Isle-d'Espagnac (16)

Achevé d'imprimer en septembre 2016
par la Société TIRAGE - 91941 COURTABŒUF

Dépôt légal : août 2016
P22345/04

Imprimé en France